Santos, 1989

As políticas públicas que
inspiraram um país (e o mundo também)

Santos, 1989

As políticas públicas que
inspiraram um país (e o mundo também)

Wagner de Alcântara Aragão

alameda

Grafia atualizada segundo o Acordo Ortográfico da Língua Portuguesa de 1990, que entrou em vigor no Brasil em 2009

Edição: Haroldo Ceravolo Sereza & Joana Monteleone
Editora assistente: Danielly de Jesus Teles
Assistente acadêmica: Tamara Santos
Projeto gráfico e diagramação: Laura Klein
Capa: Danielly de Jesus Teles
Revisão: Alexandra Colontini
Imagem de capa: Mosaico de fotos que mostram, acima, inauguração de obra pública por Telma de Souza e David Capistrano (Acervo Telma de Souza, disponível em seu site pessoal); e Capistrano conduzindo trabalho de resgate da história santista (Acervo da família de Capistrano; foto gentilmente cedida). Abaixo, equipamentos públicos frutos da administração democrática popular (Cine Arte e Escola de Surfe, em 2019) e imagens da cidade (praias e Palácio José Bonifácio, em 2019), fotos de Wagner de Alcântara Aragão; e Capistrano com mães e crianças atendidas na Policlínica Chico de Paula/Alemoa (Acervo da família Capistrano; foto gentilmente cedida). Não nos foi possível identificar todos os fotógrafos. Caso saiba a autoria de alguma das fotografias não identificadas, entre em contato com a editora

CIP-BRASIL. CATALOGAÇÃO-NA-FONTE
SINDICATO NACIONAL DOS EDITORES DE LIVROS, RJ

A672s

Aragão, Wagner de Alcântara
Santos, 1989 : o legado de políticas públicas que inspiraram um país – e o mundo também / Wagner de Alcântara Aragão. - 1. ed. - São Paulo : Alameda, 2021.
21 cm.

Inclui bibliografia e índice
ISBN 978-65-86081-48-0

1. Souza, Telma de, 1944-. 2. Prefeitas - Biografia - Santos (SP). 3. Santos (SP) - Política e governo - 1989-1992. I. Título.

19-62005 CDD: 923.2
CDU: 929:32(81)

ALAMEDA CASA EDITORIAL
Rua Treze de Maio, 353 – Bela Vista
CEP: 01327-000 – São Paulo – SP
Tel.: (11) 3012-2403
www.alamedaeditorial.com.br

Sumário

Apresentação

Por que contar essa história

A elaboração deste livro se dá em um dos momentos mais conturbados da vida nacional. Não é modo de dizer, não. É isso mesmo: experimentamos nesta segunda metade da segunda década do século XXI um caos político, econômico, social, jurídico inimaginável. Não haveria roteiro de ficção, não haveria novela, não haveria peça literária que conseguisse ir tão longe, como tem sido a absurda realidade brasileira neste 2019, precisamente.

O surrealismo sacrifica a realidade factual. Há uma tentativa, que se mostra exitosa, de deturpar os acontecimentos. Ignorar outros. Negar os mais evidentes.

O pior é que até pouco tempo experimentávamos momentos promissores. Avançávamos, ainda que mais devagar do que necessitávamos, como nunca. Nessa guerra em que a verdade é atacada, essas conquistas estão se perdendo no tempo e espaço. Mais ainda: as lembranças dessas conquistas estão sendo geneticamente modificadas pelas malfadadas fake news, que tornam a história bem diferente do que ela foi. Estão prevalecendo as versões (envenenadas de ódio) dos fatos, e não os fatos.

Este livro se soma às lutas contra o apagamento dessas memórias. Propõe-se a atuar como vacina às mentiras, à desinformação.

Como? Relembrando, resgatando um pedacinho da luta, do processo, do projeto, do trabalho de construção de uma sociedade diferente. Um pedacinho, mas um pedacinho que teve uma força, uma repercussão imensa. Uma construção que se espalhou, inspirou. Enraizou-se.

"Santos, 1989..." volta décadas no tempo para tirar do baú notícias, depoimentos, dados, fatos, que mostram como dois períodos consecutivos de administração democrática popular na cidade repercutem décadas depois. No mundo, inclusive. Como boa parte, grande parte do que os santistas apreciam, curtem, exigem, reivindicam, esperam reviver tem a ver com políticas públicas engendradas sob aquela perspectiva – democrática e popular. Se podemos nos orgulhar de contarmos com uma rede pública de equipamentos culturais, de educação, de esportes e lazer; se entendemos que os serviços de saúde e transporte podem ser bem melhores que hoje, é porque lá atrás os tivemos em excelência; é porque essa rede de equipamentos é herança de uma época em que se semeou conhecimento, criatividade, ação, inovação.

As páginas a seguir mesclam a objetividade de uma reportagem, com memórias e afetividades do autor, sem prejudicar a precisão com os fatos, os dados. Começam contextualizando o início do caminho rumo a uma Santos mais democrática e popular; seguem apontando os desafios – as broncas – que se impuseram logo na largada, para na sequência apresentar os primeiros frutos colhidos. Então, abordamos os legados - localmente, e depois como se tornaram fonte de inspiração mundo afora. Até terminar com testemunhos – os cotidianos, os oficiais – que atestam tanto êxito.

Por alguns anos, em meados desta década de 2010, quando minha sobrinha, Tainá, e meu sobrinho, Ian - ela um pouco maior, ele mais novo – estavam naquela fase fantástica da infância, aproveitei para passear bastante com os dois por Santos. Pelo Centro Histórico, pela orla, pelas praças, pelos equipamentos culturais, esportivos. Pensava, "como é que eles vão saber, no futuro, que boa parte disso tudo que eles usufruem, com que se divertem, não é fruto do acaso, é resultado de decisões políticas, econômicas, administrativas, fundamentadas em uma filosofia democrática e popular de governo?".

Foi pensando na Tainá e no Ian, e na geração que representam, que decidi ajudar a contar toda essa história.

Wagner de Alcântara Aragão, santista

Prefácio

Por Ubiratan de Paula Santos,

médico que atua na Divisão de Pneumologia do Instituto do Coração do Hospital das Clínicas da Faculdade de Medicina da Universidade de São Paulo, desde 1997.

Com "Santos, 1989 – as políticas públicas que inspiraram um país (e o mundo também)", o competente jornalista Wagner de Alcântara Aragão relembra e avalia, através de suas memórias, a partir da eleição de Telma de Souza, como prefeita em 1988, quando ele tinha 11 para 12 anos de idade, e por meio de pesquisas na imprensa da época, em livros, depoimentos e nas andanças pelos bairros da cidade, as principais ações e marcos dos governos progressistas que dirigiram a prefeitura santista de 1989 a 1996. Uma excelente iniciativa, não apenas para difundir o conhecimento sobre aqueles governos, como para que a cidade e interessados na forma de governar possam debater a centralidade daquela exitosa experiência.

Pessoalmente, tive a oportunidade de participar desse processo, primeiro na coordenação dos serviços de urgência e emergência da Secretaria Municipal de Saúde em 1992, na sequência como um dos coordenadores da campanha a prefeito de David Capistrano naquele ano, e depois, como secretário de governo de 1993 a 1994 e como presidente da Prodesan, empresa pública municipal encarregada de uma série de serviços e próprios municipais. O que me possibilitou acompanhar de perto um período daqueles dois governos, e ser testemunha de muitos fatos relatados neste livro.

Procurando evitar repetições, na medida do possível, procuro chamar a atenção para os aspectos que, a meu juízo, tornaram possível o êxito daqueles governos, bem como destacar o modo de fazer política e as políticas fundantes concebidas e implantadas.

Embora não seja fã de Cícero, prefiro o posterior Sêneca, tento construir ao método do primeiro os aspectos que abordo a seguir, cuja ordem apresentada não guarda necessária correspondência com a importância dos mesmos.

Em primeiro lugar, a vitória nas eleições de 1988 em Santos, assim como ocorreu em São Paulo, Campinas, São Bernardo do Campo, Vitória e Porto Alegre, foi fruto da dura luta empreendida pelo Partido dos Trabalhadores, desde sua fundação. Uma luta em defesa dos interesses cotidianos dos trabalhadores, da população mais pobre e da preocupação com a democracia, a educação, a saúde, os direitos humanos, o emprego, os direitos da mulher, do negro, contra a violência; uma luta que o conectava com intimidade com esses setores, e influiu no modo de governar, corajoso, daquela safra de governos eleitos, após a queda da ditadura e a nova Constituição de 1988. Antes, de expressão relevante, apenas Diadema, em São Paulo, e Fortaleza, no Ceará, tiveram prefeitos eleitos pelo PT, em 1982 (Gilson Menezes) e 1985 (Maria Luíza Fontenele), respectivamente.

Em segundo lugar, a determinação política de costurar a unidade com outros partidos de esquerda, de setores progressistas e movimentos sociais da cidade, tanto para a disputa eleitoral, como fonte de apoio político imprescindível para a governabilidade, como para a manutenção do elo com sua razão de ser - a defesa dos excluídos, a redução das desigualdades.

Em terceiro lugar foi olhar a cidade não como um síndico de quarteirão, ou de edifício, ou zelador, mas sim como território habitado a ser governado como um todo, especialmente com as atribuições alargadas pela Constituinte de 1988, a qual tornou os municípios um novo ente federativo. Aqueles governos não se auto impuseram freios, seja por limitações legais, de costumes ou por timorato. Não havia assunto na cidade que era visto como de atribuição apenas do Estado ou da União; o que acontecia no território da cidade era de interesse do governo local.

Em quarto lugar o exercício do contraditório na tomada de decisões - como bem relata o doutor Sérgio Sérvulo, vice-prefeito e secretário dos Assuntos Jurídicos na gestão da Telma, no episódio da intervenção na empresa de ônibus -, porém sem perder a unidade de ação. Condição importante para o sucesso de ações corajosas que contrariavam interesses e costumes consolidados. A quebra desse comportamento enfraqueceu a disputa pela hegemonia política na cidade, no segundo governo.

Em quinto lugar, a compreensão do papel do Estado, no caso, do poder local, que demandava mudanças na sua estrutura para melhor permitir a realização prática do programa aprovado nas urnas, pelo novo bloco político que assumiu aqueles governos. Destaca-se a criação de espaços democráticos para ampliar a participação popular na administração, como o orçamento participativo, a realização de conferências e a eleição de conselhos municipais de saúde, de educação, de habitação, de cultura, de assistência social, entre outros; a reforma da administrativa com criação de novas secretarias, a criação das administrações regionais nos Morros e na Zona Noroeste, implantação do plano de cargos e salários para o funcionalismo; audaciosa politica de comunicação e a modernização de procedimentos com o uso da informática a facilitar a prestação e gerenciamento dos serviços públicos.

Em sexto lugar a preocupação com o desenvolvimento da economia da cidade e região, para gerar emprego e renda, ou seja, remar contra a maré imposta pelas recessivas políticas econômicas dos governos da União – Collor [sucedido por Itamar, pós-impeachment] e FHC.

E por último o esforço em disputar narrativas sobre a história da cidade, de seus atores reais, com inovadoras ações no campo da cultura, na elaboração e publicação de livros, entre eles sobre o papel de José Bonifácio e sobre lutas no porto e grande incentivo ao teatro; a revisitação à memória da cidade com a afirmação de sua real data de fundação e sua evolução histórica.

Alguns exemplos demonstrativos desses aspectos citados (exemplos tais enumerados mais adiante) tornaram possíveis as realizações resumidas neste livro. Realizações a confrontar os costumes, os limites da legislação feita para a proteção dos interesses dos mais ricos, o poder da mídia monopolista, os equipamentos e serviços de outras esferas de governos presentes no território, mal geridos e subutilizados, alargando assim o papel da esfera da administração mais próxima dos cidadãos, qual seja, a municipal. Tais realizações exigiram coragem e determinação política, que longe de voluntarismo estéril, buscavam responder demandas represadas e para isto bebia da seiva que alimenta o compromisso com os mais pobres.

Aos exemplos: 1. As decisões de intervir na companhia de ônibus permissionária (Viação), no manicômio casa de horrores Anchieta, no Hospital dos Estivadores (não se efetivou por suspensão judicial); 2. A implantação de uma audaciosa política para usuários de drogas, de acolhimento e não criminalização dos mesmos, do tratamento humanizado do individuo acometido de distúrbio mental; 3. A criação de uma forma de comunicação direta com a população através do Diário Oficial Urgente, distribuído gratuitamente nas bancas de jornal, afrontando o monopólio da mídia local; 4. O apoio público, aberto – político e material – aos trabalhadores portuários demitidos por fazerem greve por melhores salários, durante o governo Collor; a vitoriosa luta para instituir a cobrança de ISS nos serviços do Porto; a intervenção ao arrepio do INSS para urbanizar terreno na Aparecida, transformando-o em praça e local de lazer; o apoio público à greve dos petroleiros; a criação pelos governos de Santos e São Vicente de uma linha de ônibus direta entre as duas cidades, com o pagamento no valor de uma tarifa municipal, inferior à cobrada pela empresa de transportes intermunicipais, com a finalidade de baratear o custo do transporte para o povo trabalhador; o confronto com a Sabesp, para conseguir implantar medidas de identificação de ligações clandestinas de esgoto de domicílios aos canais, principal fonte de poluentes a tornar as praias impróprias – todas ações que exigiram confronto direto com os governos federal e estadual de então; 5. Os conflitos com a direção da Santa Casa de Santos, que em vários momentos se recusava a receber pacientes que necessitavam de atendimentos de urgência; 6. A luta pela gestão plena, pelo município, dos serviços de saúde, com novos e criativos serviços domiciliar, e, frente à omissão do Governo do Estado, a implantação da Maternidade Silvério Fontes e do Hospital Ernesto Che Guevara na Zona Noroeste, este com projeto e construção feitos em um ano, contrariando o às vezes frequente discurso de que discutimos muito e fazemos pouco; 7. A municipalização de escolas estaduais e a política "Toda Criança na Escola"; a criação de um centro de defesa do consumidor, o Cidoc, pela nova secretaria de abastecimento; a criação das secretarias municipais do meio ambiente, para assuntos metropolitanos e do trabalho, que teve como primeiro secretário à frente da pasta o líder estivador Osvaldo Pacheco da Silva; 8. A tentativa de intervenção no Hospital dos Estivadores, para reabri-lo, e com isso aumentar a oferta de leitos públicos na cidade, mesmo contrariando a maioria da categoria dos estivadores; e no processo de urbanização do Dique, quando foi necessária a instalação de parte da população moradora da favela na vizinha Praça da Paz Universal, que contou com forte reação dos moradores do entorno da praça, com manifestações de discriminação contra os moradores da favela (amplificados pela mídia local), prontamente repelidos pelo Prefeito David, pedindo humanismo, respeito e solidariedade entre pobres e remediados. Ambos exemplos de que no ato de governar para a maioria, por vezes, temos que debater e enfrentar interesses corporativos ou discriminatórios enraizados na população ao longo de sua história de dominação ideológica imposta pelas elites das classes dominantes; 9. A elaboração de um consistente plano para o desenvolvimento econômico da cidade, que implicou em estudar a vocação econômica da cidade, a modernização da ocupação da orla com um parque no emissário, novo aquário, a recuperação do Centro Velho Histórico, do Teatro Coliseu, de políticas para o turismo ecológico na área continental, a busca de uma nova relação do porto com a cidade, o desenvolvimento de uma política de integração e cooperação entre os municípios da região da Baixada, infelizmente vários bloqueados pelo bloco conservador da cidade.

Os reflexos das políticas criadas e implantadas, seus compromissos com a maioria da população, serviram de estímulos para a implantação de ações semelhantes em outros governos. Conseguiram perenizar muitas de suas ações e serviram indiretamente, ou seja, sem qualquer interferência direta, política ou material, por inadequada, de exemplo e estímulo para a renovação em diretorias de entidades sindicais de trabalhadores, com a vitória de oposições em importantes sindicatos da região naquele período.

Ainda era 1988

As lembranças da apuração

Estamos em novembro de 1988. Não me lembro exatamente o dia, mas não me importo, afinal a imprecisão vem dar um tempero a este texto. Porque o objetivo, neste começo, é o de tecer lembranças, sem o rigor de detalhes factuais. Que venham espontaneamente, da forma em que estão registradas na mente.

Pois bem, era uma tarde de novembro de 1988. Segunda metade do mês. Creio que uma quarta-feira.

Tinha 11 anos, completaria 12 anos semanas depois, em 8 de dezembro. Estava na então 5ª série do 1º grau, o equivalente hoje ao quarto ou quinto ano do ensino fundamental.

Achava-me em sala de aula, na EMPG Cidade de Santos. Era assim o cabeçalho: "E-M-P-G". "Escola Municipal de Primeiro Grau". "Cidade de Santos". A escola levava (leva) o nome da cidade. Dizia eu que estava em sala de aula. Era Geografia. Isso sei porque lembro que a professora que estava conosco era a Hilda, de Geografia.

Era de tarde – por volta de 16, 17 horas. Àquela época a escola tinha três turnos: manhã (7 às 11h); intermediário (11 às 15h); e vespertino (15 às 19h). O intermediário era para as séries iniciais; as demais se dividiam entre o matutino e a tarde. Nunca gostei de acordar cedo e, felizmente, foram raros os momentos na minha vida escolar que estudei pela manhã.

Uma tarde, de novembro, em Santos... Calor, portanto. Mas não estava de derreter. A sala era ventilada, arejada; nessa tarde a que me refiro não me lembro de estar suando. O calor era tolerável.

Eu, e a turma toda, fazendo tarefas designadas pela professora Hilda. Coisa rara: a sala estava em silêncio. Até que escutamos o barulho de fogos de artifício. O som não vinha de tão perto. Chegava suave aos nossos ouvidos.

Passam-se alguns segundos, um minuto no máximo, e aparece uma moça na porta da sala. Não me lembro se outra professora, se inspetora, se alguma pedagoga... Da porta mesmo fala com a professora Hilda. Não me recordo exatamente das palavras. Mas sei que dava um recado: aquilo que elas esperavam que acontecesse, aconteceu. Associei o êxito que comemoravam aos fogos, recém lançados não se sabe onde, todavia escutados por nós ali. Tratavam – os fogos e o recado que chegou à Hilda – do mesmo fato.

A notícia foi recebida com alegria pela professora Hilda. Baixinha, olhos puxados, biotipo do povo do extremo oriente, de fala serena, a professora, que até então estava à mesa, levanta-se e, pedindo que parássemos por um tempinho com a atividade, diz portar um recado para gente:

— *Já temos o resultado da eleição. Vamos ter uma prefeita. Telma ganhou.*

Naquele tempo, as eleições não eram em urna eletrônica. O voto era no papel. Portanto, a contagem dos votos não se encerrava poucas horas depois do pleito, como hoje. Levava dias. Regularmente os meios de comunicação iam atualizando os dados da apuração. A vida seguia seu curso – íamos para a escola, para o trabalho, para a feira – e em paralelo recebíamos as informações de a quantas andava a contagem.

Em particular naquele pleito, em Santos, a apuração foi emocionante. A eleição daquele ano, 1988, era para a Prefeitura e para a Câmara de Vereadores. O país vivia um misto de euforia com a nova Constituição e a promessa de um futuro melhor, e de decepção com o fracasso do Plano Cruzado, a volta da inflação, a crise econômica, a corrupção, a turbulência política. Estávamos reconstruindo a democracia.

Dizia que a apuração naquele pleito, em Santos, foi emocionante. Moleque, mas em casa, com pai, Valmiro, e mãe, Vera Lúcia, muito bem informados e antenados em assuntos da política, percebia o quanto a eleição para a Prefeitura tinha mobilizado a cidade. Três candidatos disputavam a liderança voto a voto: o governista, Del Bosco Amaral, do PMDB; Paulo Gomes Barbosa, do PDS; e Telma de Souza, do PT.

Del Bosco era oficialmente o candidato do então prefeito, Oswaldo Justo; e também candidato do governador do Estado, Orestes Quércia, e do presidente da República, José Sarney, todos do PMDB. Vê-se que máquina pública a seu favor era o que não lhe faltava. Mas, acima de tudo, representava a continuidade de uma gestão com significativa aprovação dos santistas, a gestão de Justo.

Paulo Barbosa, por sua vez, tinha sido o prefeito que antecedeu Justo. Prefeito biônico, frise-se. Governou Santos entre 1980 e 1984, nomeado pelo regime militar. O município tinha perdido sua autonomia político-administrativa depois do golpe de 1964. A autonomia foi reconquistada em 1984; no ano seguinte, em 1985, Santos pode enfim voltar a eleger seu prefeito (pleito ganho por Justo).

Apesar ter deixado o Palácio José Bonifácio sob vaias, ovadas e tomatadas da manifestação popular que acompanhou a posse de Oswaldo Justo naquele 1985, o ex-prefeito Paulo Barbosa disputou as eleições de 1988 entre os favoritos. Contava com o apoio do eleitorado mais conservador da cidade.

O terceiro nome de peso era de uma mulher: Telma Sandra Augusto de Souza, 44 anos, do PT. A Telma de Souza. Ou, simplesmente, Telma. Na ocasião era deputada estadual. Lembro que, na campanha para a Assembleia Legislativa, em 1986, Telma uma vez fez panfletagem na feira da nossa rua, a Santos Dumont, no Macuco. A feira terminava bem na porta do nosso prédio. Um vizinho nosso era cabo eleitoral do PT. Levou Telma, então vereadora, para tomar uma água lá em casa. Para mim e minhas duas irmãs (Erika e Gabriela), todos crianças – eu com 9, elas com 7 e 5 anos de idade – isso foi uma festa, o máximo.

Voltemos à eleição de 1988, para a Prefeitura. Telma representava o eleitorado popular, progressista, à esquerda. A ditadura civil-militar tentou aniquilar as forças revolucionárias que marcavam Santos – "a Moscou Brasileira"; o "Porto Vermelho", como era conhecida –; tais forças, embora sufocadas pelo regime, adormecidas pelas condições impostas, não sucumbiram. Encontraram na candidatura de Telma uma saída para recolocar a cidade na vanguarda da luta por justiça social.

A disputa eleitoral foi renhida. As pesquisas de boca de urna não ousavam cravar um vencedor ou vencedora. O desenrolar da apuração não permitia a ninguém cantar vitória até que a última urna fosse aberta, e a última cédula conferida.

Só bem perto, bem pertinho mesmo do término da apuração é que se revelou o desejo dos santistas. E, de quase um terço deles, a opção foi por Telma e a coligação de partidos progressistas encabeçada pelo PT.

Aquela tarde de novembro de 1988, os fogos lançados ao ar, o suspiro de satisfação da professora Hilda, a confraternização dos outros educadores do colégio, o contentamento com que o resultado foi recebido lá em casa, tudo isso anunciava o início de um novo período para Santos. Dali a alguns meses, já em 1989, sementes para uma nova cidade, uma cidade mais justa e humana, começariam a ser lançadas. Alguns frutos surgiriam de imediato; outros levariam um pouco mais de tempo; alguns ainda estão por serem colhidos.

Mas o relato acima faz parte das lembranças deste autor. Que não se contentou apenas com elas. Quis saber da protagonista dessas memórias o que ela, Telma, passados três decênios, tinha de fresco na cabeça. O que, depois de 30 anos, estava um pouco mais guardado na mente. O que, após três décadas, emergia como mais relevante daquele momento histórico.

Pois bem, numa tarde de julho de 2018 – inverno, mas fazia sol e a temperatura estava bastante agradável – fomos ouvir Telma. Dali a alguns dias a campanha para as eleições de 2018 começariam oficialmente, entretanto a agenda típica desses períodos já estava a todo vapor. No intervalo entre um compromisso e outro, Telma deixou de lado o presente – vereadora, e candidata a deputada federal – para viajar ao passado.

Do sofá da sua aconchegante casa no Embaré – “moro aqui há mais de 50 anos” – saltou para 1988. Voltou aos lugares mais marcantes da campanha: os comícios, os espaços das apurações dos resultados, a casa do amigo Fausto Figueira, e àquele próprio lar, 30 anos antes. No começo da conversa, a memória se mostrou preguiçosa. Parecia preferir deixar os fatos guardados. Nomes, datas, dados apareciam sem muita precisão, mais gerando perguntas do que respostas. Pouco a pouco ela, a memória, foi se animando. Foi revelando detalhes, trouxe à tona conversas de bastidores, peculiaridades, passagens pitorescas.

Em respeito à tão boa vontade da memória de Telma, à alegria com que as lembranças de 1988 nos visitaram naquela sala no Embaré, vamos apresentá-las aqui sem maiores intermediações. É aquela Santos de 1988 que experimentava novos rumos, em citação direta. Contou-nos Telma:

— Era uma novidade, duas mulheres candidatas: eu aqui em Santos e a Luíza Erundina em São Paulo. E as duas do PT, um partido novo, que estava só

há oito anos no pedaço. Nós não éramos 'zebras', mas também não estávamos no auge. A vitória foi, de certa forma, uma surpresa.

Telma lembra que, à época da eleição de 1988, uma greve duramente reprimida pelo governo federal, na Companhia Siderúrgica Nacional (CSN), em Volta Redonda (RJ), e de ampla repercussão, impactou negativamente candidaturas governistas, ou associadas ao establishment. Não por menos. A greve, que envolveu quase 18 mil metalúrgicos, começou em 7 de novembro - além da paralisação, operários ocuparam a siderúrgica e o entorno. No dia 9, o Exército e a Polícia Militar utilizaram da força para dispersar a mobilização. A repressão resultou em centenas de feridos e na morte de três metalúrgicos.

A eleição de 1988 foi no feriado de 15 de novembro, uma terça-feira. Na avaliação de Telma, no período entre a violência contra os trabalhadores em Volta Redonda e o dia da eleição houve uma reviravolta nas intenções de voto em todo o país. De fato, além da vitória do PT em Santos e em São Paulo, o partido saiu vencedor em Campinas (SP), São Bernardo do Campo (SP), Porto Alegre (RS) e Vitória (ES), para citar os maiores colégios eleitorais; outros partidos à esquerda, como o PDT e o PSB, também conseguiram eleger prefeitos em municípios com peso político e econômico.

Telma continua:

— *Aquilo que aconteceu em Volta Redonda influenciou. Mas também havia o seguinte em Santos: duas candidaturas do campo mais conservador. Era o Joaquim Del Bosco Amaral, o candidato oficial do Justo, e uma candidatura mais à direita, do Paulo Barbosa. O campo conservador se dividiu entre essas duas candidaturas. No funcionalismo público, o campo mais conservador ficou com Paulo Barbosa. O mais progressista com a gente. Teve uma análise no jornal A Tribuna que dizia: 'o funcionalismo não faz ganhar, mas faz perder'. A divisão fez Joaquim Del Bosco perder.*

A vitória, como dissemos, foi apertadíssima. Tensão total durante os dias de apuração:

— *Montamos uma apuração paralela, no Hotel Atlântico. A gente chamava de QG das Travessuras, por causa de toda mobilização que fazíamos para reali-*

zar a contagem paralela. Em um determinado momento, veio uma informação de tentativa de fraude na apuração oficial. Pelas rádios, chamamos nossa militância, nossos simpatizantes a acompanhar de perto, fiscalizar, no local oficial da apuração, no Santos Futebol Clube. Foi todo mundo pra lá. Eu fui pra lá. Cheguei lá, pulei o cercadinho, vieram falar comigo. Conseguimos reverter qualquer possibilidade de dados ilegítimos na apuração.

A quase prefeita eleita, depois daquela mobilização para impedir o golpe eleitoral, já de madrugada foi para a casa de Fausto Figueira:

— *O Fausto Figueira soube pelo próprio Del Bosco: 'vocês vão ganhar'. Dormi no sofá da casa do Fausto, na parte de baixo da casa. Ele lá em cima, com a mulher. De madrugada o telefone toca. Eu atendo, na extensão o Fausto atende também. Ele é avisado de que a vitória era nossa. Não falei nada, desliguei o telefone. O Fausto desceu e me contou.*

Uma vitória voto a voto:

— *A diferença oficial foi de menos de mil votos.*[1] *Mas nos bastidores se comentava, e se comenta até hoje, que na verdade a diferença teria sido de 5 mil votos [devido à tentativa de fraude que chegou a ser iniciada, mas foi interrompida pela pressão popular].*

Outro detalhe, singelo, do qual Telma mantém fresco na memória:

— *No dia da confirmação da vitória estava com um brinco de flor, um biscuit.*

1 Foram exatos 993 votos de diferença, segundo o Tribunal Regional Eleitoral de São Paulo (TRE-SP). O resultado final está na seção "Extras" deste livro.

1989 chegou

Telma no Palácio José Bonifácio

Daquela madrugada do telefonema que confirmava a vitória até a posse, em 1º de janeiro de 1989, foram mais de 30 dias para montar a equipe que passaria a governar Santos – lembremos que, àquele tempo, além da área insular e da área continental, Bertioga era um distrito que pertencia à jurisdição da municipalidade santista. Foram dias, semanas cruciais para encarar um início de gestão que se mostraria para lá de desafiador.

Em 1988, não havia segundo turno nas eleições no Brasil. Portanto, nem sempre os eleitos venciam o pleito com a maioria absoluta dos votos, muito menos dos votos válidos. Pelo menos dois terços de Santos não tinham votado em Telma. Era preciso, pois, conquistar a confiança desse eleitorado. Mais ainda: era necessário enfrentar uma parcela significativa conservadora da cidade. A vitória de uma mulher, de um partido que se intitulava "dos Trabalhadores", de bandeira vermelha, coligado a legendas como o Partido Socialista Brasileiro (PSB, do qual era o vice, Sérgio Sérvulo da Cunha), o Partido Comunista do Brasil (PCdoB), o Partido Verde (o ativismo ambiental era um movimento recente) significava muito para uma cidade sufocada havia mais de 20 anos pela repressão da ditadura instituída com o golpe de 1964. A Unidade Democrática Popular, a UDP – nome da aliança PT-PSB-PCdoB-PV que levou Telma ao Palácio José Bonifácio – não tinha maioria na Câmara de Vereadores, prenúncio, portanto, de dificuldades também.

Telma diz hoje que tinha plena consciência dessa conjuntura, desse obstáculo. E considera que acertou na definição da equipe, que conciliou representantes dos movimentos que a levaram ao José Bonifácio, alinhados ideologicamente ao projeto vencedor das urnas, com figuras de outros segmentos. Que guardassem, claro, mínima sintonia com o projeto, todavia que não fossem exclusivamente do mesmo grupo político.

Foram reuniões e mais reuniões na própria casa da Telma, naquela mesma sala em que, em julho de 2018, concedia a entrevista para este livro reportagem:

— *Aconteceram aqui nesta sala. Várias reuniões. Quem sentava naquele baú aí [aponta para um baú que, naquele instante, estava coberto por exemplares de A Tribuna e da Folha de S.Paulo da semana da entrevista] acabava sendo indicado. Ficou essa lenda. Sentou no baú, estava indicado [risos].*

Telma da sequência à narrativa:

— *Para montar a equipe, procurei conciliar alinhamento ideológico progressista, com conhecimento da área [para a qual a pessoa estava sendo indicada] e ser da cidade, ter relações com a cidade. Eu tinha que fazer uma composição com a cidade, não com as vertentes internas do PT, ou dos partidos da coligação.*

A escolha mais precisa, o tempo iria revelar depois, foi para a Secretaria de Saúde, destinada a David Capistrano da Costa Filho. Políticas públicas radicais nesse setor – falaremos delas mais adiante – colocaram Santos na vanguarda na prevenção e combate à aids, na humanização da saúde mental, na assistência ambulatorial e domiciliar. Foram as maiores responsáveis pela aprovação popular do governo Telma, ao final do mandato. Tanto assim que Capistrano foi eleito pelos santistas sucessor da prefeita. Mas, como dito há pouco, é assunto para mais adiante.

Capistrano estava na linha de frente da campanha de Telma em 1988. Já era filiado ao PT, porém com raízes no PCB.[1] Ele e quadros do partido comunista tinham experiência acumulada em saúde pública, sublinha Telma. Capistrano havia sido secretário municipal em Bauru, interior de São Paulo, e integrantes do PCB ocupavam postos na Secretaria Estadual paulista. Telma relembra:

---

1 De acordo com Ubiratan de Paula Santos, que foi colega de Capistrano no PCB, ambos saíram do partido em 1984. "Participávamos de um esforço renovador do PCB e acabamos sendo derrotados internamente pelo então Comitê Central do PCB", relembrou ao autor.

— Capistrano tinha sido do PCB, que contava com um grupo inspirado na 3ª Internacional, ligada a Stalin,[2] ao stalinismo, e um grupo da 4ª Internacional, ligada a Trotski,[3] trotskista. Digo que eu era da "Internacional três e meio", porque buscava conciliar a terceira com a quarta.

Essa busca pelo equilíbrio na equipe, entre alinhados ideologicamente ao grupo político eleito e outros segmentos da sociedade santista, ficou explícita na definição de duas pastas: secretarias de Planejamento e de Obras.

— Uma das decisões mais interessantes foi escolher Lenimar Rios para o Planejamento. Para se ter uma ideia da origem de formação dela, basta dizer que o nome Lenimar dado pelos pais vem de Lenin e Marx. Lenimar aguentou bem as pressões do mercado imobiliário na cidade. E para Obras convidei o Cláudio Abdala, do setor da construção civil, de família tradicional.

Um governo que se propunha popular, por mais que fosse constituído de uma equipe que garantisse certa conciliação, seguramente iria contrariar interesses, privilégios arraigados. As primeiras semanas, os primeiros meses viriam a comprovar essa perspectiva, conforme mais à frente abordaremos.

Para a defesa no campo jurídico de eventuais embates no processo de implementação de políticas públicas que constituíam o programa da Unidade Democrática Popular (a UDP), Telma recorreu a seu vice, Sérgio Sérvulo da Cunha, escolhido para ser Secretário de Assuntos Jurídicos – algo como o procurador-geral do Município. É o próprio Sérvulo da Cunha que, em entrevista para este livro, concedida em sua casa, no bairro Pompeia, em janeiro de 2019, narra como se deu a indicação:

— Entre os militantes que apoiaram na eleição, que apoiavam o governo eleito, eu era o advogado mais credenciado. Pelo fato de eu ser vice-prefeito, a minha indicação seria natural. Eu não pleiteei, a Telma me convidou, e eu aceitei. Não houve

---

2 Josef Stalin, revolucionário comunista, e que governou a União das Repúblicas Socialistas Soviéticas (URSS) entre 1920 e 1953, quando morreu.

3 Leon Trotski, revolucionário comunista, intelectual marxista, expulso do Partido Comunista soviética por Stalin, e exilado da URSS.

discussão prévia nenhuma, entre o PT e o PSB – discussão assim, um partido de um lado, outro partido de outro, para a montagem do governo. Havia muita harmonia.

De fato, naquele final dos anos 1980 Sérgio Sérvulo da Cunha era, no campo do Direito, eminência na cidade, sobretudo por sua participação direta no processo de elaboração da Constituição Federal de 1988, e, anos antes, na luta pela retomada da autonomia político-administrativa de Santos (reconquistada, como já citamos, em 1984). Por essa razão, inclusive, foi escolhido por PT e PSB como candidato a vice, embora o nome inicialmente cogitado fosse outro, conforme busca na memória Sérgio Sérvulo da Cunha:

— Eu estava [1988] como representante da OAB na Constituinte, até às vésperas da eleição. Estava muito entusiasmado com o novo regime dos municípios. Os municípios [com a Constituição de 1988] foram alçados a entes federativos, com a possibilidade de criarem suas leis orgânicas. Acompanhei tudo isso, estava entusiasmado com isso, e resolvi me candidatar a vereador.

Mas aí veio um convite de Telma para que Sérgio Sérvulo fosse seu vice:

— Disse pra ela que o PSB indicava o Reinaldo Martins [professor de História]. Disse que eu não ia disputar essa vaga com o Reinaldo. Me ocorreu então de procurar o Lamir Vaz de Lima, que fazia política vinte quatro horas. Falei que a Telma tinha convidado, que eu não iria disputar, mas que ele teria liberdade de negociar.

Sérgio Sérvulo da Cunha finaliza a narração:

— O Reinaldo Martins não se opôs, não pôs obstáculo nenhum. Apesar do valor do Reinaldo – todo mundo sabe do valor dele – naquele momento eu tinha mais projeção, mais potencial de agregar eleitoralmente. Tinha sido presidente da OAB em Santos, tinha sido presidente da Comissão pela Autonomia de Santos. Tinha condições de puxar mais votos para a nossa chapa.

Foi com Sérgio Sérvulo como vice e como integrante do núcleo do governo; com Capistrano, Lenimar e outras mulheres como Maria do Rosário de Sales Gomes, a Marô (Ação Comunitária), e Maria Lúcia Prandi Gomes (Educação); o economista e professor universitário, negro, Fábio Barbosa, na Secretaria de Finanças, entre outros nomes, que Telma dava a largada na administração democrática popular em Santos.

Não sem enfrentar, mesmo compondo uma equipe heterogênea, rechaço de parcelas mais reacionárias da sociedade. Tratava-se da primeira mulher eleita prefeita de Santos, por um partido de esquerda, de bandeira vermelha, representante das classes populares. Telma não escapou ilesa a comentários preconceituosos:

— Ah, sofri preconceito por ser mulher sim. Sofri muito preconceito. Falavam, por causa do meu cabelo [que não era liso, e era volumoso], 'aquela sebosa, aquela neguinha do PT', em tom pejorativo.

E se deparou com uma oposição política forte de grupos econômicos com privilégios ameaçados por uma administração que propunha democratizar de vez Santos. O poder de oligarquias na mídia – representada pelo Grupo A Tribuna –,[4] no transporte (o Grupo Viação),[5] no Judiciário, que desde o início fez questão de marcar posição contrária ao novo governo, chegou a mexer psicologicamente com Telma, conforme ela própria revela, 30 anos depois:

— Cheguei a passar dias chorando. Diziam 'como ela é sensível'. Não era isso. Eu estava chorando de medo.

O medo, que por vezes levou Telma às lágrimas, não foi maior que a coragem em tomar decisões radicais – ou seja, que foram à raiz de problemas crônicos – tampouco de enfrentar os interesses locais mais mesquinhos, como veremos no próximo capítulo.

---

4 Em 1989, o Grupo A Tribuna contava com um jornal de circulação diária, quase centenário e de grande influência na formação da opinião pública de Santos, e ainda emissoras de rádio AM e FM. Em 1992, viria a montar uma emissora de televisão, afiliada à Rede Globo.

5 Viação Santos São Vicente Litoral Ltda. que, junto com a empresa pública municipal Companhia Santista de Transporte Coletivo (CSTC), operava o transporte coletivo na cidade.

As primeiras broncas

O horror na Casa Anchieta; o locaute do barão da catraca

A administração democrática popular em Santos começava, em janeiro de 1989, com ventos favoráveis, os que sopravam da recém-nascida Constituição Brasileira, promulgada em 5 de outubro de 1988. A então prefeita Telma de Souza se recorda, 30 anos depois:

— A Constituição de 88 representava a libertação do período militar. Estabelecia gestões públicas mais democráticas, ao prever a criação dos conselhos. Implantamos isso, criamos conselhos em todas as áreas.

Telma considera também que a equipe que montou, baseada em três pilares – gente da cidade, integrantes do campo progressista, e pessoas com reconhecida expertise em suas atribuições – criou um clima de boas expectativas, em que pesem preconceitos e oposições mencionadas no capítulo anterior. A criação de uma assessoria especial para assuntos portuários, assumida pelo jornalista especializado na área, José Rodrigues, aproximou a cidade de seu porto.

Por outro lado, tormentas ameaçavam não só Telma, como todos os prefeitos e prefeitas de norte a sul do Brasil que iniciavam naquele momento seus governos. As tempestades decorriam da crise econômica e política que assolava a nação, e, como sempre, castigava principalmente os mais pobres.

Na economia, o país vinha de uma sucessão de pacotes – o Plano Cruzado, em 1986, de grande sucesso, mas efêmero; o Plano Bresser, em 1987; e naquele janeiro de 1989, o Plano Verão, o qual, entre outras medidas, congelava preços, cortava zeros da moeda, o Cruzado, criando outra, o Cruzado Novo.

O governo do presidente José Sarney, sobretudo em razão da instabilidade econômica do país, também cada vez mais se fragilizava politicamente. Contribuía para a agitação no cenário político o período pré-eleitoral, e não era qualquer eleição: em novembro daquele ano, 1989, os brasileiros finalmente iriam às urnas para votar para presidente da República, depois de quase três décadas[1] impedidos que estávamos, pela ditadura, de exercer esse direito.

A crise econômica nacional atingia diretamente as finanças das prefeituras. Não era diferente com a de Santos. O chiste que Telma conta a seguir, pregado pelo antecessor dela, Oswaldo Justo, ilustrava as restrições orçamentárias com as quais teria de trabalhar. É o episódio que Telma e os mais próximos hoje se referem ao do "bilhete do Justo":

— *Tinha um cofre no gabinete. Cheguei perto, fui conferir se tinha algum segredo, mas não, foi só puxar a porta do cofre, e se abriu. Estava vazio, com apenas um bilhete dentro. Peguei, li. Tinha sido escrito pelo Justo: "pensou que tinha dinheiro? Ahá! Não tem!". O Justo era uma figura. De certa forma acho até que ele se satisfez com minha vitória na eleição – não por mim, mas pelo meu pai,[2] por quem tinha admiração, respeito.*

Não à toa Telma tinha em seu "núcleo mais próximo", como ela própria define, o secretário de Finanças, Fábio Barbosa (Capistrano, na Saúde, e Fausto Figueira, na chefia de gabinete completavam o trio).

Foi em razão da crise econômica nacional que logo nas primeiras semanas de trabalho Telma se viu diante de um labirinto, cuja saída que se apresentava levava a um caminho que ia de encontro ao que pregou na campanha e, mais que isso, de encontro ao que militava desde o início de sua trajetória na política.

---

1 A última eleição presidencial havia sido em 1960, quando o Brasil elegeu Jânio Quadros presidente e João Goulart, vice (na época se votava tanto em como em outro, separadamente). Com o golpe de 1964 e o regime ditatorial subsequente, as eleições diretas para presidente deixaram de ser realizadas.

2 Telma é filha de João Inácio de Souza (1921-1971), estivador e funcionário do Instituto de Aposentadorias e Pensões dos Empregados em Transportes e Cargas, por isso chamado de "Joãozinho do Instituto". Foi eleito vereador durante quatro legislaturas (1952 a 1964). Foi cassado pelo regime militar em 1964, quando exercia a presidência da Câmara Municipal, em junho de 1964.

O novo pacote econômico do governo de Sarney, concebido pelo ministro da Fazenda, Maílson da Nóbrega, congelava preços, inclusive as tarifas de ônibus. Antes do congelamento, porém, havia sido autorizado aumento no valor diesel. Ou seja, a companhia pública de transporte de Santos, a CSTC, que operava praticamente metade do sistema (a outra metade ficava com a empresa privada, a chamada Viação), via suas despesas com combustível subirem, ao passo que as receitas, com o congelamento das tarifas, não davam conta desses custos.

— Naquela época em que assumimos, janeiro de 1989, havia hiperinflação.[3] *O Governo Sarney liberou aumento do diesel, mas congelou as tarifas de ônibus. Encontramos o preço da passagem defasado. Com a [Luíza] Erundina [prefeita de São Paulo, também do PT, e que igualmente iniciava mandato], fomos a Brasília para uma audiência com a ministra Dorothea Werneck [ministra do Trabalho, nomeada também naquele janeiro, pelo presidente Sarney]. Tínhamos de reajustar as passagens. Não podíamos quebrar a CSTC e a CMTC (companhia pública paulistana que enfrentava o mesmo problema da santista).*

Telma voltou da capital federal com a angustiante decisão:

— Fiquei quase uma semana vomitando, por ter aumentado a passagem de ônibus. Eu, que passei a vida toda lutando contra as altas tarifas de ônibus, tive que tomar, como uma das primeiras medidas, justamente um reajuste. Pensei: "não vou mais passar por isso".

E então lançou a discussão pelo subsídio das tarifas do transporte público, modelo, por sinal, que mais de duas décadas depois viria a ser a base do movimento "tarifa zero" – movimento esse do qual se desencadearam as chamadas jornadas de junho de 2013.[4]

---

3 No acumulado em 12 meses (janeiro 1988-janeiro 1989), a inflação registrava insuportáveis 1.149,21%

4 As manifestações de junho de 2013 começam com protesto legítimo contra os aumentos das passagens dos ônibus em várias cidades brasileiras, e em defesa de uma nova forma de financiamento do transporte coletivo, como o subsídio. O autor deste livro concorda com as análises

As agruras com o transporte coletivo em Santos estavam só começando.

Semanas depois do reajuste aplicado, narra Telma, chegou pedido de reunião do diretor presidente do Grupo Viação, Cláudio Regina. O encontro é relatado assim pela então prefeita:

— *[O empresário] queria mais aumento na passagem. Falei que não, não aceitaria pedido nenhum de aumento, não tinha por que. Ele disse, "vai aumentar sim, porque cheguei no preço de todos, chegarei no seu também" [insinuando que "compraria" a prefeita em troca da benesse]. Encerrei ali. "O senhor não entra mais aqui. O senhor não vai mais fazer a operação do transporte em Santos".*

Ainda hoje, passados 30 anos, ao relembrar o episódio Telma não esconde um embrulho no estômago, um mal estar no fígado, que aquela reunião lhe causou. Sublinha que errou - talvez por não imaginar que se depararia com palavras tão graves como aquela - ao não estar com testemunhas no gabinete.

— *Recebi o dono da Viação sozinha. Ali aprendi que nunca mais poderia fazer isso: receber alguém sozinha. Mas foi naquele momento que decidi intervir na Viação. Que não ia passar quatro anos vivendo aquilo.*

A negativa de Telma não foi esquecida pelo empresário. No final de março de 1989, os motoristas e cobradores de ônibus iniciaram campanha por reajuste salarial. A CSTC concedeu a seus funcionários. O Grupo Viação, por sua vez, negava-se a fazer o mesmo – condicionava a concessão do acréscimo salarial ao aumento da tarifa. No dia 27 daquele mês, os empregados da Viação deflagraram greve. Tanto Telma como sua equipe sentiram sintomas de um locaute, isto é, uma paralisação respaldada pelo patrão com o intuito de pressionar a Prefeitura a atender o pleito da empresa, o de reajustar a tarifa, para então fechar acordo com os motoristas e cobradores. No dia seguinte, Telma tomou uma decisão que dava

---

de que, na sequência, essas manifestações foram apropriadas por movimentos conservadores, reacionários e poderosos da sociedade brasileira, que enxergaram oportunidade para desestabilizar o governo de Dilma Rousseff.

início a um dos maiores embates entre um administrador público e um grupo econômico que se tem notícia no Brasil, nas últimas décadas.

Em 28 de março de 1989, a prefeita assinava o decreto número 836, que autorizava a CSTC a intervir na Viação Santos São Vicente Litoral Ltda. Imediatamente, o poder público colocava de volta em circulação 111 dos 134 ônibus da frota privada – os "amarelinhos", como eram chamados pelo povo, pela cor da pintura dos coletivos. No dia posterior, mais um passo contra o barão da catraca santista: o decreto 838 declarava de utilidade pública, para fins de apropriação, os bens móveis e imóveis da Viação, na Rua Padre Anchieta, no Macuco. Dias depois da intervenção, o contrato com a Viação foi rescindido pela Prefeitura.

Eram os primeiros capítulos de uma série que só viria se encerrar, definitivamente, mais de uma década depois. Renderia um livro só para resgatar essa verdadeira guerra. Manchada de sangue, inclusive. Um funcionário da CSTC, o Anésio Pimenta dos Reis – conhecido pelos amigos como Kojak –, durante uma discussão com representantes da Viação na garagem da empresa no Macuco, que chegou às vias de fato, sofreu uma queda, e em consequência do traumatismo craniano decorrente do impacto com o chão, viria a morrer dias depois.

O episódio – que a administração democrática popular chamou, em seus canais oficiais, de "Crime da Garagem Macuco" – ocorreu entre o final da manhã e início da tarde de 23 de agosto de 1989. Na ocasião, um oficial de Justiça, acompanhado do advogado e representantes do Grupo Viação, foi ao Macuco com o despacho de reintegração de posse. Versões dão conta de bate-boca, empurra-empurra, e a queda de Kojak ao chão. Notícias da época informam que o inquérito policial não chegou a considerar o empurrão como deliberado, versão contestada pela administração democrática popular. Kojak, com 50 anos de idade e com dois meses de CSTC (tinha passado num concurso público e recém chamado para trabalhar), ficou internado no Hospital Albert Einstein, em São Paulo, e morreu na tarde de 25 de agosto de 1989. A morte de Kojak mexeu com Santos. Até o então candidato à presidência da República, Luiz Inácio Lula da Silva, já em campanha, cancelou compromissos oficiais para comparecer ao velório, e acompanhou o cortejo, do Paço Municipal, no Centro da Cidade, até o enterro, no Cemitério da Areia Branca. E, em verdade, até hoje a causa da queda, fatal, não foi bem esclarecida.

A luta da administração democrática popular, assumida por Telma, contra os privilégios do barão da catraca local, tornou-se também uma luta contra setores da mídia e do Judiciário.

A narrativa no maior jornal, A Tribuna, era a de que a decisão da intervenção se mostrava intempestiva; que a companhia pública não tinha condições de encampar os serviços prestados pela empresa privada; que a qualidade do transporte caía com os ônibus amarelinhos operados pela CSTC. O que não condizia com a realidade factual: nos pontos de ônibus, a maioria dos passageiros aprovava o andamento da intervenção. Os itinerários e a regularidade seguiam mantidos. Ao mesmo tempo, Telma conseguira implementar a chamada "tarifa social" – subsídio à empresa pública para baratear a passagem cobrada na catraca, que logo depois, apesar de forte mobilização popular em defesa, foi derrubada pela Câmara de Vereadores.

Na esfera judicial, liderados pelo secretário de Assuntos Jurídicos Sérgio Sérvulo da Cunha (também vice-prefeito, como vimos), os procuradores municipais tinham de se desdobrar para superar decisões preliminares que beneficiavam o Grupo Viação, em detrimento do poder público. Não tardou muito, inclusive, para que a Justiça na prática acabasse com a intervenção.

Menos de três meses depois do decreto de Telma, mais precisamente em 23 de junho de 1989, o Judiciário determinou a devolução dos 134 amarelinhos, bem como da garagem do Macuco, à Viação. Não tardou para que a empresa privada tirasse os veículos de circulação. Da noite para o dia, o transporte municipal ficou desfalcado de quase metade da frota (a CSTC contava com 187 ônibus; ao todo, portanto, o sistema contava com 321 unidades).

O caos se instalou nos primeiros dias. Longas esperas nos pontos, veículos abarrotados, gente chegando atrasada no trabalho, na escola, as atividades econômicas da cidade prejudicadas... Se antes A Tribuna precisava se esforçar para detonar a municipalização do transporte, agora a realidade factual lhe era favorável nesse intento.

Houve, ao mesmo tempo, forte manifestação popular contra a decisão da Justiça e em favor da Prefeitura. Fotos da época mostram uma Praça Mauá, à porta do Palácio José Bonifácio, tomada de pessoas na noite de 26 de junho de 1989. Não só partidários da coligação UDP; era o povo mesmo que ouviu Telma discursar reafirmando a necessidade de manter a luta contra a exploração predatória do transporte público, pelo barão da catraca. Na Câmara de Vereadores falou mais alto o compromisso com a cidade, e não as desavenças político-partidárias: o Legislativo autorizou o Executivo a utilizar recursos para a compra emergencial de ônibus usados. Foram 67, numa primeira tacada.

O reforço, ainda que tímido, em por em circulação veículos de segunda mão, adquiridos de viações de São Paulo, e uma readequação dos itinerários – linhas foram estendidas até a Zona Noroeste, a região que mais era servida pelos amarelinhos – amenizaram o problema. A opção da administração democrática popular foi a de manter o processo de estatização do transporte, mesmo sabendo do desgaste nessa transição. Gradativamente, ônibus novos, mais modernos e confortáveis, da fabricante estatal Mafersa, foram sendo comprados.

A superação daquela turbulência, se era desmerecida, desqualificada, pela mídia local, chamou a atenção da imprensa nacional. A revista Isto É,[5] por exemplo, e o programa Canal Livre, da TV Bandeirantes, ainda naquela fase inicial de transição, apresentaram a municipalização do transporte em Santos como algo, no mínimo, peculiar. Nos anos seguintes, o processo se consolidou. Publicações especializadas em transporte começavam a apontar a CSTC como uma das principais empresas de ônibus do ônibus. Em 1992, não só os 134 amarelinhos já tinham sido repostos como a frota era constituída por veículos de padrão mais elevado. Inovações como as fichas (precursoras dos atuais cartões de transporte) substituindo os vales de papel; catracas eletrônicas e ônibus acessíveis para cadeirantes modernizaram e tornaram o sistema mais inclusivo. Com a construção do Terminal do Valongo, atrás da Estação Rodoviária, e a readequação de itinerários para atender o novo terminal, foi implantada a integração tarifária entre as linhas. Naquele ano, a CSTC encerrou o exercício como a terceira maior empresa de transporte urbano do Brasil, considerando as públicas e privadas, e a segunda, considerando apenas as públicas.[6]

---

5 A revista Isto É, em 1989, tinha linha editorial plural, e reconhecida credibilidade jornalística – bem diferente da Isto É dos tempos atuais (2019).

6 A CMTC, de São Paulo (pública), e a Viplan (privada), de Brasília, eram as duas primeiras colocadas ranking da tradicional revista especializada no setor, "Transporte Moderno". O ranking incluía quesitos como receita operacional líquida, patrimônio líquido, lucros (operacional e líquido), liquidez corrente e endividamento.

Um dos protagonistas nesse processo – pela sua atuação na luta via Judiciário – foi o então vice-prefeito Sérgio Sérvulo da Cunha, por sua condição de também ser secretário de Assuntos de Jurídicos. Passados 30 anos, ele lembra que na ocasião era contra a intervenção, pelas adversidades que encontraria nas vias judiciais, e também pelo imbróglio administrativo decorrente. Mas ressalva que os fatos à época exigiam medidas rápidas, e prevaleceu a decisão da maioria, principalmente da própria Telma. Narra ele:

— *Nem bem a Telma tinha assumido a Prefeitura, a Viação dava um ultimato: ou se aceitava o reajuste nas tarifas que era exigido ou entraria em greve, o locaute. Claro, não foi colocado assim dessa forma, mas era isso, foi isso o que aconteceu. O sindicato dos empregados estava nas mãos dos empregadores, com o Grupo Viação, e entraria em greve, que na verdade era um locaute. A Telma tinha tentado negociação, mas não havia como. O grupo queria impor [o reajuste]. Telma exigiu planilhas para ver até que ponto o aumento era necessário. Viu que não era.*

Sérgio Sérvulo da Cunha continua:

— *Então, com o locaute, tudo tinha de ser decidido muito rápido - não me lembro com exatidão, mas era coisa de dois, três dias para apurar, levantar tudo, definir estratégias, planejar passos seguintes, tomar uma decisão. Não sei de quem partiu exatamente a ideia da intervenção. Fui contra, porque intervenção é fácil fazer, mas é difícil dela sair. Mas a maioria [da equipe de governo] foi a favor e a própria Telma concordou com a intervenção. A Telma conhecia sobre questões tarifárias, tinha muita experiência no tema - quando vereadora acompanhava isso de perto.*

As dificuldades previstas se confirmaram. Sérgio Sérvulo da Cunha compara o comportamento de setores da mídia e do Judiciário à época com a postura desses 'poderes' nos dias atuais, quando agem movidos por ideologias e interesses políticos, partidários e econômicos, e não baseados no que estabelecem preceitos constitucionais ou na realidade dos fatos. Mais que isso, a seletividade no aprofundamento da cobertura midiática e no julgamento dos casos. Aos inimigos, a lei. Aos amigos, depende. Assinala o ex vice-prefeito:

— *Enfrentamos noticiário francamente desfavorável ao episódio, por parte de A Tribuna, que dava apoio integral à Viação nas suas ações mais danosas ao município [contra a Prefeitura]. Inclusive quando um funcionário do município [o Kojak, da CSTC] estava a serviço na garagem da Viação, e de uma queda veio morrer depois. A morte do Kojak poderia ter sido evitada, se o Judiciário tivesse atendido nossos pedidos.*

Mas o Judiciário, ah, o Judiciário, continua Sérvulo da Cunha:

— *O Judiciário àquela época não tinha atuação política tão patente como hoje, tão evidentemente contrária aos governos do PT... Mas a gente já notava algumas dificuldades. Eu notava isso na minha atuação. Todos os nossos pleitos eram de acordo com a lei e com a jurisprudência, mas se a jurisprudência era uma, tratando-se de pleito dos governos do PT ela mudava rapidamente. É uma verdade histórica. Estávamos mesmo muito isolados. E enfrentando extremas dificuldades para conduzir essa intervenção.*

Apesar de tudo, e de toda a campanha contrária ter deixado no imaginário coletivo da cidade lembranças negativas, a luta contra o barão da catraca que a administração democrática popular não hesitou em abrir mão foi benéfica para Santos, considera o ex vice-prefeito:

— *Do ponto de vista interno, do governo, foi um êxito. [Com a municipalização] conseguimos oferecer um transporte de qualidade. A Prefeitura criou condições de transporte de qualidade [com a CSTC gerindo e operando o sistema]. Mas a percepção externa, ainda que a melhora significativa no transporte tenha sido constatada pela população, a percepção externa ao governo, do público, não sei até que ponto esse êxito foi percebido.*

Para o ex-secretário de Assuntos Jurídicos de alguma forma ficou registrada no imaginário coletivo a falsa ideia de que o município precisou indenizar a Viação. A empresa entrou com ação nesse sentido, fato muito explorado em campanhas eleitorais pelos adversários do PT. No entanto, não obteve ganho de causa. Ao contrário do que se propagou, a Prefeitura nunca precisou sacar milhões dos cofres públicos para ressarcir a Viação, frisa Sérgio Sérvulo da Cunha:

— Antes de eu deixar a pasta de Assuntos Jurídicos – fiquei 1 ano e 4 meses no cargo – tive o cuidado de evitar que esse caso caísse, futuramente, nas mãos de alguém que era oposição. Sabíamos que era uma ação que ultrapassaria nosso mandato. Então contratamos um escritório particular. Tínhamos advogados competentes na Prefeitura, mas os advogados da Viação eram pesos pesados da advocacia. Os nossos procuradores eram excelentes, mas não tinham aquela musculatura. Foi feito o contrato [com o escritório] e isso funcionou. Tanto que no mandato do Beto Mansur [prefeito que assumiu em 1997, sucedendo David Capistrano e opositor do PT] não se conseguiu desmontar nossa estratégia; o mesmo advogado continuou defendendo o município. E, ao final, a Viação é que teve de indenizar. Nunca houve isso de a Prefeitura indenizar. A decisão demorou; muito tempo depois veio, com êxito da nossa estratégia.

Uma outra decisão de intervenção precisou de ser tomada pela administração democrática popular enquanto o processo no transporte coletivo ainda estava no comecinho. Essa outra na Casa de Saúde Anchieta, chamada pelo povo de "casa dos horrores" pelo atendimento desumano que prestava a seus internos. Supostamente um lugar para cuidar de doentes mentais, o Hospital Anchieta era um manicômio que condenava pessoas à morte. "Superlotação, pacientes acamados no chão, falta de profissionais habilitados, de medicação, de cuidados de higiene e o uso de celas fortes são algumas irregularidades", descreveu reportagem do *Diário Oficial do Município* (o D.O. Urgente, na época), de 28 de abril de 1989.

A intervenção no Anchieta não precisou ser providenciada do dia para noite (como ocorreu com a Viação, em razão das circunstâncias daquele caso). Quando as notícias do caos que se guardavam entre quatro paredes eclodiram, a Prefeitura deu prazo para que a direção do hospital, privado, tomasse providências. Mas desde o início a situação era acompanhada pessoalmente tanto pelo secretário de Saúde, David Capistrano, como pela própria prefeita Telma.

É Sérgio Sérvulo da Cunha quem discorre sobre mais essa batalha a qual o governo democrático e popular não se furtou em enfrentar:

— Nosso secretário da Saúde era um militante da saúde. Não conhecia o David Capistrano, conheci na campanha. Como secretário de Assuntos Jurídicos, li muitos despachos dele nas questões de saúde, e pelo seu senso público, sua

capacidade administrativa, passei a admirá-lo muito. Lá pelas tantas chegou à Secretaria de Saúde a notícia de que havia morrido dois internados no Anchieta, numa solitária. A versão que o David trouxe era de que era uma casa de horrores vivendo de verbas públicas. E já havia uma visão antimanicomial [por parte de Capistrano e equipe]; era uma visão programática, ideológica. Me perguntaram se seria possível intervir, já que havia o precedente da intervenção na Viação.

Tecnicamente caberia a medida? Ainda que sim, haveria fôlego político para encampar outra árdua luta? Tocar duas intervenções de uma só vez?

Antes de retomarmos à narrativa de Sérgio Sérvulo da Cunha, trazemos as considerações de Telma, e que nortearam sua decisão de enfrentar mais essa bronca. A ex-prefeita faz um parênteses: conta que teve um primo que sofreu problemas de saúde mental, o que a marcou muito:

— *Tinha para mim que uma cidade que não cuida da saúde mental não era uma cidade digna, civilizada. Era questão de honra enfrentar aquela casa de horrores.*

Logo a partir do segundo mês do governo acontecerem mortes de internos no Anchieta, que se repetiram nos meses seguintes. David Capistrano optou pela intervenção, relata Telma:

— *Comprei a ideia, mesmo sabendo das dificuldades. Falei com o David: isso aqui é o 'Exército de Brancaleone': um japonês, um nordestino, um argentino e eu.*[7] *Fiquei dois dias pensando se teria estrutura emocional. Concluí o seguinte: eu não tinha estrutura emocional era para conviver com aquilo! Então seguimos em frente.*

A intervenção tinha de ser feita. Caberia ao secretário de Assuntos Jurídicos dar corpo à medida. Sérgio Sérvulo da Cunha explica como procedeu:

---

7 Telma faz metáfora com o filme *O incrível exército de Brancaleone*, comédia italiana, de 1966, cuja trama se passa na Idade Média, e envolve um voluntarioso grupo que combate perigos da época. O "japonês" a que Telma se refere é o psiquiatra Roberto Tykanori Kinoshita, santista de descendência oriental; o nordestino, Capistrano, e o argentino, o psiquiatra Antônio Lancetti, radicado na cidade. O trio conduziu a intervenção no Anchieta e posterior política de humanização da saúde mental em Santos.

— Pesquisei a jurisprudência e havia um único precedente de intervenção em estabelecimento particular, que não fosse uma permissionária, como era a Viação. A Casa de Saúde Anchieta era um serviço particular. Era uma tese muito mais difícil de sustentar juridicamente. Mas havia esse precedente, e resolvemos entrar com intervenção. Só que eram trâmites diferentes, em relação à Viação: tínhamos que pleitear a intervenção em juízo. E conseguimos.

Como diz Sérgio Sérvulo, se optar pela intervenção já tem lá seus obstáculos, mais complicado ainda é encontrar um desfecho. Afinal, não existe intervenção para a vida a toda:

— Comecei a ficar preocupado porque as atividades implementadas ali começaram a exigir uma ampla contratação de equipes; isso no serviço público não era fácil. E a intervenção assumia caráter de permanência. Como isso vai acabar? Não sabia mais o que fazer, tinha de resolver, intervenção por natureza é provisória. Aí recebi um 'presente': o Anchieta entrou com ação de desapropriação indireta, reclamando o preço. Na prática, significava a renúncia da condição de proprietário. Ou seja, o Anchieta já não se considerava proprietário daquilo. Isso resolveu nossos problemas jurídicos. Deu continuidade, prolongamento ao processo.

Foi uma vitória jurídica, classifica o ex vice-prefeito, e sobretudo uma vitória da luta antimanicomial do Brasil e do mundo:

— A intervenção no Anchieta foi êxito interno e externo. Êxito interno porque, enquanto governo, desmontamos aquela casa de horrores. E complementamos com outros projetos – os Naps [Núcleos de Atenção Psicossocial que foram implantados na cidade], o Tam Tam (ações de comunicação e arte com os pacientes). Êxito externo ao governo ao beneficiar cada um dos internados, com as mudanças nas práticas de tratamento. E um êxito retumbante no que diz respeito à repercussão: a intervenção no Anchieta é um marco na história da saúde mental no Brasil.

Sim, não é exagero do então vice-prefeito, nem de Telma. Nem bairrismo, ufanismo santista.

Os fatos comprovam que a política de saúde mental que Santos implementou, a partir de 3 de maio de 1989 (data da intervenção no Anchieta), revolucionou as políticas públicas na área, em todo o país. Os tratamentos de choque, a medicação indiscriminada, o aprisionamento foram substituídos por terapias, por atividades culturais e artísticas – o projeto Tam Tam com, por exemplo, sua rádio, a Rádio Tam Tam, totalmente conduzida pelos pacientes da antiga casa de horrores – e por uma rede de núcleos de atenção psicossocial, os Naps já citados, batizados de Caps (Centros de Atendimento Psicossocial) quando o programa de Santos foi federalizado, a partir do final dos anos 1990.

O modelo adotado por Santos ia ao encontro do que defendiam trabalhadores, pesquisadores, gestores e militantes na área de saúde, desde pelo menos o início dos anos 1980. A intervenção no Anchieta contou com o apoio, na época, da Comissão de Direitos Humanos Teotônio Vilela (organização não governamental que atuou entre 1983 e 2016) e também da Comissão de Direitos Humanos da Ordem dos Advogados do Brasil (OAB).

As ações que se sucederam à intervenção passaram a se tornar referência, marco para a luta antimanicomial, que tem seu dia nacional em 18 de maio de cada ano. Aos poucos, o modelo foi se espalhando por outros lugares do Brasil e, como dissemos, incorporado às políticas públicas, em âmbito nacional, de saúde.

Quando sofreu intervenção da Prefeitura, o hospital psiquiátrico – privado, frise-se – abrigava 565 pacientes, sendo que tinha capacidade para apenas 280. Os doentes mentais eram encarcerados em celas, tratados com choques elétricos, eram medicados sem critério algum e recebiam doses do famoso "sossega leão".

Logo após a intervenção, foram arrancadas as portas das celas, proibidos os choques elétricos, instalados chuveiros para banhos quentes, ampliado o quadro de funcionários e feita uma reavaliação dos pacientes. Muitos estavam internados sem necessidade, e receberam alta.

Como parte da concepção de tratamento humanizado dos doentes mentais implantada depois da intervenção, surgiu o Projeto Tam Tam.

Dentre as atividades desenvolvidas pelos educadores do projeto, a "Rádio Tam Tam – o programa do tamanho da sua loucura" logo ganhou repercussão nacional. O programa ficou no ar por nove anos (1990 a 1999), transmitido por diversas rádios da cidade nesse período. Personalidades como Antônio Fagundes e Fernanda Montenegro foram entrevistadas pela equipe (formada por pacientes). O Projeto Tam Tam se consolidou e tornou-se organização não governamental, até hoje em atividade. O Tam Tam e a política de saúde mental do Brasil, que teve berço em Santos, por meio de decisão da administração democrática popular, são reconhecidos internacionalmente.

Além de enfrentar o barão da catraca e pôr o dedo na ferida da casa de horrores que parte da sociedade fingia não existir, a recém nascida administração democrática popular de Santos entendeu que era imprescindível ir para um terceiro combate: o enfrentamento ao monopólio midiático. Sobre essa batalha, reservemos um capítulo à parte. É o que segue.

A batalha da comunicação

Contra a mídia hegemônica, o D.O. Urgente

Brasil, 2019. Três anos depois que um golpe derrubou um governo popular, o de Dilma Rousseff – destituída por um impeachment sem qualquer base legal (sugerimos, para saber mais, *O processo*, documentário de Maria Augusta Ramos, e *A radiografia do golpe*, livro de Jessé Souza) – e segue violenta a destruição de políticas públicas que levaram décadas para serem construídas, e que ainda estavam, boa parte, em germinação.

Entre tantos fatores outros, um deles está presente nas análises que tentam explicar a queda de Dilma Rousseff, o ódio irracional ao PT, a prisão política do ex-presidente Luiz Inácio Lula da Silva, e o consequente desmantelamento de programas e políticas sociais: a inabilidade de a esquerda, de governos progressistas, em se comunicar com a população. A prosa aqui neste livro não é exatamente essa, de modo que não cabe neste momento nos aprofundarmos nos equívocos de comunicação dos governos Lula e Dilma. Mas dá para citar um, elementar: ambos não se preocuparam em criar instrumentos próprios de comunicação de massa. Por ingenuidade, ou por diagnóstico subestimado, ou por incompetência, ou por medo do enfrentamento, o fato é que os governos de Lula e Dilma não ousaram pôr em xeque o oligopólio empresarial da mídia tradicional. Procuraram dançar conforme a música, acreditando que ditariam o ritmo dos passos.

Houvessem se inspirado, em comunicação pública, no exemplo da administração democrática popular de Santos, como beberam da fonte caiçara em outras áreas, e provavelmente não estivéssemos devorados hoje pela fúria da estupidez.

Assim que assumiu, em janeiro de 1989, Telma, como vimos, ficou diante de imbróglios cruciais. Encarar significava, primeiro, dimensionar o tamanho do apoio com o qual contava e o poder dos adversários, ávidos por testar a capacidade de luta da administração debutante. Em seguida, significava superar, com sucesso, os obstáculos que se apresentaram.

Sobretudo no Caso Viação ficou nítido que enfrentaria, por quatro anos, a oposição feroz da mídia hegemônica, porta voz da elite do atraso local, do poder econômico e seus privilégios. Para o êxito nessa luta e nas demais que surgiriam, não bastariam medidas administrativamente legais e legítimas, posturas coerentes, defesa jurídica inconteste; urgia desconstruir o discurso hegemônico de desqualificação e desmoralização do governo que iniciava sua trajetória.

Não tardou por em prática um plano engendrado desde o começo: criar um veículo que fizesse a comunicação entre o poder público e a população, sem intermediações, sem precisar depender da boa vontade, da conveniência, do interesse dos meios constituídos e hegemônicos. Nada, porém, de um veículo de propaganda, ou de exaltação da figura da prefeita, nem de ninguém de seu equipe. Tinha de ser um veículo informativo, de prestação de serviços, de cidadania. É Telma quem relembra:

— *A proposta era a de um criar um jornal, um jornal de serviços, de prestação de serviços, como eram os jornais de bairro. Para mostrar os serviços que existiam e os que estavam sendo criados para atender à população.*

Para a concepção e a execução do projeto, foram designados quatro jornalistas: Leda Mondin, Oswaldo de Mello, Beto Paschoalini e Carlos Mauri Alexandrino. Todos com visão de mundo que coadunavam com as premissas da administração democrática popular, além de currículo de reconhecida competência, e experiência.

Não foi preciso inventar a roda. O projeto consistiu em recriar o *Diário Oficial* do município, acrescentando à publicação dos atos oficiais páginas de conteúdo jornalístico, com diagramação atraente, textos objetivos, bem lapidados; seções como telefones úteis, programação cultural e esportiva na cidade, dicas em geral, prestação de contas – até a agenda da prefeita era veiculada, diariamente. O jornal circularia de terça a sábado, seria rodado na gráfica da Prodesan (companhia pública de urbanismo) e distribuído gratuitamente m bancas em todas as regiões. O nome escolhido: *D.O. Urgente*. A edição número 1 é de 19 de abril de 1989.

Quase 30 anos depois de participar daquela empreitada, a jornalista Leda Mondin resume com orgulho o que foi pensar e fazer o *D.O. Urgente*:

— *A equipe era engajada e comprometida, experiente e ideologicamente alinhada com o projeto. Pessoas que gostavam de jornal, de fazer jornal, entusiasmadas por estarem participando de um movimento de democratização da informação. Telma fez uma gestão revolucionária, um governo democrático e popular, houve uma ruptura radical com o modo de fazer política anterior e os setores conservadores foram corajosamente enfrentados. Dava gosto fazer o* D.O. *e traduzir esse novo momento.*

O dia a dia da equipe de jornalistas não se resumia à rotina de assessores de imprensa, ou de repórteres oficiais. Era produção de reportagens em essência, sublinha Leda:

— *Queríamos mais do que fazer releases, desejávamos mostrar à população que vivíamos um momento histórico. Um momento lindo da nossa cidade, de resgate da Santos guerreira. E claramente o* D.O. *se configurou também como instrumento de organização popular, porque o cidadão tinha acesso a informação livre, gratuita, qualificada. A transparência da administração pública enseja a participação.*

O *D.O.* pegou de imediato. Pegou o nome, *D.O. Urgente*; pegou o conteúdo. Mesmo bancas, pressionadas pelo poder da mídia hegemônica, que escondiam os exemplares, eram forçadas a distribuir, porque a população procurava, exigia. A afeição dos santistas ao jornal foi tanta que as gestões seguintes não ousaram extingui-lo – apenas o nome foi mudado, em 1997, para simplesmente *Diário Oficial de Santos*. No entanto, continuou mesclando os atos oficiais com jornalismo de serviço. O jornal impresso circulou até 2017, mas a prestação de serviços por meio do jornalismo permanece, pelo site da Prefeitura de Santos.

Leda se recorda do sucesso e consolidação do jornal como instrumento de informação, de credibilidade, sobre as coisas de Santos:

— *O D.O. não parou de crescer, o morador queria ler, as pessoas reclamavam que o jornal acabava cedo nas bancas. O* Diário Oficial *continuou sendo chamado de D.O., mesmo quando já não mais era o* D.O. Urgente.

Lógico que esse sucesso incomodou. Primeiro, porque significou queda de receitas para o principal jornal de Santos e Baixada Santista, o A Tribuna (neste jornal os atos oficiais eram publicados, antes do *D.O.* idealizado por Telma). Segundo, porque subsidiou a sociedade de informações sob um outro ponto de vista; o monopólio da palavra estava, pois, sendo rompido.[1] Houve contestações judiciais, tentando por fim ao jornal público. Mas os leitores se mobilizaram em defesa do veículo – folhetos e adesivos com a inscrição "Eu leio o *D.O.*" procuravam demonstrar a apropriação do jornal, pelo povo, como patrimônio dos santistas. A batalha judicial foi vencida pela administração democrática popular – a Prefeitura pôde continuar a rodar o diário. O então vice-prefeito e secretário de Assuntos Jurídicos, Sérgio Sérvulo da Cunha, conta do cuidado que foi tomado antes de se criar o *D.O. Urgente*:

— *O expediente oficial (leis, decretos, portarias, editais) era publicado em A Tribuna, e não era barato. Só que a Prefeitura tinha gráfica própria, a da Prodesan. Examinei a legislação do município e vi que podíamos criar, por decreto, a imprensa municipal. Isso foi feito pela Telma. Contrataram-se excelentes profissionais. O* D.O. *não era um órgão burocrático, era noticioso, foi uma revolução no processo de comunicação de uma administração pública. O* D.O. *jamais foi instrumento de propaganda pessoal, política e eleitoral.*

Assim como Leda, os jornalistas Oswaldo de Mello e Beto Paschoalini têm recordações carinhosas e cheias de entusiasmo, do período de *D.O. Urgente*. Mauri Alexandrino morreu em novembro de 2017 (antes deste livro começar a ser produzido), defendendo o legado da administração democrática popular, com o vigor de sempre. O *D.O.* foi um marco nas carreiras dos jornalistas e, como disse Sérgio Sérvulo da Cunha, é até hoje caso exemplar em matéria de comunicação do poder público.

Oswaldo de Mello narra como foi chamado para compor o projeto:

— *Não sei se havia intenção prévia, por parte da Telma, de criar o jornal. O que me lembro é de receber um ligação dela (na época eu editava um jornal de*

1 A Tribuna era o único jornal diário em circulação. O maior concorrente, o Cidade de Santos, encerrara suas atividades em 1987.

bairro, Gazeta de Moema, em São Paulo), dizendo que seu governo recém iniciado estava sendo sufocado pela imprensa hegemônica de Santos. Disse-me a Telma que precisava reagir a isso e que havia decidido publicar um Diário Oficial *com notícias.*

Por sua vez, Beto Paschoalini salienta que a equipe convidada para montar o que viria ser chamado de *D.O.* já integrava um grupo motivado a desenvolver projetos de jornalismo independente em Santos, ou seja, eram profissionais ávidos por colocar em prática um periódico desvinculado dos interesses econômicos. E conseguiram, a partir da proposta de Telma, pensar e montar um veículo público, mas sem ser oficialesco, tampouco instrumento de publicidade governamental, muito menos de políticos integrantes da administração. Também se preocuparam em respeitar o espaço dos profissionais que já faziam parte do quadro de pessoal da Prefeitura:

— *A primeira reunião para tratar do* Diário Oficial *foi na casa da Telma, estando presentes, se não me engano, a anfitriã, o David Capistrano, o Alberto (ex-marido da Telma), a Leda, o Oswaldo, Mauri e eu. O Oswaldo defendeu o jornal como prestador de serviço ao cidadão e o modelo prevaleceu. Geraríamos notícia em escala para suprir o* D.O. *e ainda uma quantidade enorme de releases, numa época em que qualquer papel oficial que caísse numa mesa de repórter ele iria aproveitar. O nome* D.O. Urgente *foi criado pelo Oswaldo. Ele pediu dois parceiros, que ele não era bobo: Mauri e o Marcos Augusto Ferreira, o Marquinho Miracatu. E exigiu que o jornal fosse editado por eles numa sala no prédio da Prodesan, onde ficava a gráfica. Afastado portanto do gabinete e das secretarias municipais. Uma autonomia impensável nos dias de hoje. Palmas para a Telma.*

Oswaldo de Mello assinala também essa peculiaridade, e relembra como era a rotina de trabalho:

— *Nosso objetivo era informar à população sobre a ação administrativa do Governo Telma de Souza. E nosso desafio era fazer isso sem alimentar personalismos de quem quer que fosse, mesmo da Telma. Para colocar em prática esse trabalho, montei uma Redação de Fechamento nas dependências da Prodesan, alguns andares acima da gráfica onde o* D.O. Urgente *passou a ser impresso, redação essa formada por mim e mais dois profissionais de excelente texto e rapidez de produção: Carlos Mauri Alexandrino (amigo e irmão, recém falecido) e Marcus Augusto Ferreira (com quem havia trabalho em São Paulo, na Gazeta de Moema). Recebíamos ao longo do dia cópia de todos os releases produzidos pela Assessoria de Comunicação (Ascom) da Prefeitura (localizada no Centro), comandada por Leda Mondin, Helder Marques e Beto Paschoalini, e editávamos esse material, colocando-o numa linguagem rigorosamente jornalística, sem qualquer traço de assessoria. Com o tempo, a própria Ascom passou a nos mandar textos cada vez mais adequados ao nosso padrão. Junto à Redação de Fechamento também funcionava o laboratório fotográfico da Ascom, onde eram processadas todas as fotos produzidas pela Assessoria. A comunicação Ascom-Redação de Fechamento era feita por malote e/ou fax, uma novidade naqueles anos.*

Não tardou e o *D.O.* se estabeleceu como contraponto à mídia hegemônica. Mais ainda: a narrativa do periódico recém nascido é que passou a tomar a dianteira, pautar a agenda pública, explica ainda Beto Paschoalini:

— O nosso trabalho era impor uma versão que não deixava A Tribuna tratando os fatos com conforto. Com o D.O. *sempre mantivemos a ofensiva na informação. Nenhum ato importante de governo era tratado apenas pela mídia tradicional.*

O *D.O.* fazia também um papel de ombudsman da administração, conforme palavras de Beto Paschoalini, corroboradas por Oswaldo de Mello:

— Algumas seções do jornal se destinavam a cobrar da própria administração pública o andamento de serviços anteriormente anunciados. Nosso entendimento era de que estávamos a serviço dos cidadãos, e não a serviço dos governantes. Sei que a Telma entendeu isso e nos defendeu permanentemente nas reuniões de secretariado. Ela confiava em nós, tinha amizade por todos, nos respeitava como profissionais. Isso foi fundamental, essencial para o sucesso do D.O. Urgente, *o nosso "segredo": total comprometimento da Telma, pois ela própria havia se atribuído a missão de servir à população de Santos. Dávamos em manchete os aumentos da passagem dos ônibus municipais, naturalmente explicando aos usuários do transporte coletivo, em detalhes, as variações de custos responsáveis por aqueles reajuste. Nada era escondido.*

Se alguém tem alguma dúvida disso, recomendamos passar uma tarde na Hemeroteca Roldão Mendes Rosa, se debruçando sobre as centenas de edições do *D.O. Urgente* ali arquivadas, e disponíveis para pesquisa. Vai constatar que primor de jornalismo público.

O *D.O.* oxigenou a imprensa santista. Equilibrou narrativas e discursos. É possível dizer até que encorajou outros veículos a noticiarem os fatos também sob ótica divergente da hegemônica, elitista. Percorramos as páginas do Jornal da Orla daquele período e vejamos como, embora fosse um semanário voltado para a região mais abastada da cidade e refratária à administração democrática popular, tinha linha editorial muito mais progressista que a de hoje.

Ah, e é também dessa época uma efêmera (circulou apenas em alguns meses de 1991), mas marcante experiência: o 1ª Página, semanário combativo, todavia despojado, que inclusive atuava como narrador privilegiado desse embate entre imprensa pública representada pelo D.O. e a hegemonia midiática de A Tribuna.

Além do *D.O. Urgente*, a administração democrática popular lançou mão de outros instrumentos para mostrar à população o que aquele jeito de governar significava em melhorias concretas para o povo. O *Jornal do Ônibus*, um clássico jornal mural, vertical, afixado nos pontos de ônibus, trazia não só notícias sobre o transporte coletivo como a respeito de outros serviços públicos. Cartazes e folhetos em repartições públicas, comércio e estabelecimentos diversos explicavam, por exemplo, programas como o "Avenidas em Ordem" e o "Bairros em Ordem", ações de reparos e conservação constantes em mobiliário urbano e vias públicas. Em outras palavras: por todo canto, os santistas encontravam meios de se informar que não apenas a mídia tradicional burguesa.

Para Beto Paschoalini, a política de comunicação da administração democrática popular, representada pelo *D.O. Urgente*, é uma demonstração de que governos progressistas não podem subestimar o poder da imprensa:

— *[A experiência do* D.O.*] talvez tenha deixado uma lição tardia - ou não! -, de que é preciso construir meios independentes de comunicação política. Não dá pra deixar o status quo ter domínio exclusivo da versão dos fatos.*

Os primeiros frutos

A cidade entende

As primeiras broncas que se lançaram à frente da administração democrática popular nos cem dias iniciais foram árduas, geraram conflitos, crises momentâneas, mas não tardaram para dar frutos.

Vimos que não se render à chantagem do barão da catraca custou profundo estresse jurídico e político. Superada a fase mais aguda dos conflitos, e o novo governo santista conseguiu transformar o transporte público municipal num serviço público de fato, num direito social, e não mais mercadoria a ser explorada por um grupo empresarial. E na prática, no dia a dia de trabalhadores, estudantes, na rotina de quem depende de ônibus, o que essa ruptura significou?

Primeiro, menos despesa com passagem de ônibus. Livre da sanha por lucro do Grupo Viação, o transporte coletivo pôde ser bancado pela Prefeitura – e a CSTC, empresa pública operadora do sistema, conseguiu implementar política de tarifa social. Inicialmente, a tentativa foi a de estabelecer valores cobrados na roleta financiados pelo poder público, entretanto a Câmara de Vereadores, dominada pela oposição, não aprovou projeto que instituía o subsídio definitivo. A alternativa foi a de cobrar a tarifa normalmente e, uma vez ao mês, liberar a catraca. Sim, tarifa zero – no último domingo de cada mês, ou em datas festivas, como Dia das Mães, Dia dos Pais, feriados. O Executivo conseguiu aprovar lei nesse sentido, a lei municipal 822/1991. O objetivo era permitir que as famílias pudessem passear – visitar parentes, amigos; ter acesso a atrações de lazer, cultura, esportes. O transporte entendido como um serviço que garante acesso a outros serviços básicos.

Outro resultado da municipalização do transporte foi a modernização da frota, a ampliação de rotas e a melhora na infraestrutura. Os 134 amarelinhos do grupo privado – veículos duros, de motor dianteiro, bancos de fibra de vidro – que tinham sido recolhidos, aos poucos foram substituídos por carros bem melhores. Mais da metade deles por ônibus tipo padron (três portas, pisos mais baixos, corredores mais amplos, motor traseiro), da montadora estatal Mafersa. A Zona Noroeste e os Morros, áreas mais carentes, passaram a contar com novas opções de itinerários e horários. Abrigos de ônibus, de concreto, foram plantados em praticamente todas as vias que servem de rotas de linhas de ônibus. Foram montadas as bases as quais permitiram, anos depois (em 1992), a Prefeitura implantar a integração tarifária. Foi construído um terminal de passageiros, o do Valongo (oficialmente denominado Terminal Deputado Rubens Paiva, homenagem ao deputado federal santista desaparecido pela ditadura civil-militar de 1964 a 1985); com o terminal, na região central da cidade, tornou-se possível desembarcar de um coletivo e embarcar em outro sem pagar nova tarifa. A CSTC passou a figurar entre as principais companhias de transporte do Brasil – em 1992, alcançou o posto de terceira maior empresa de transporte urbano do país, conforme já detalhado no capítulo "As primeiras broncas".

Por sua vez, o programa de saúde mental, que tem a largada na intervenção da Casa de Saúde Anchieta, também fez Santos figurar entre as referências no Brasil e no exterior, conforme já abordamos. Passada a tempestade, veio o raiar do sol. Passado o maremoto, por águas mais seguras passamos a navegar.

Há uma outra consequência, menos mensurável material ou estatisticamente. Mais no campo simbólico.

Ao enfrentar privilégios, sacudir a cidade com lutas inimagináveis, e, mais que isso, ao conduzir bem essas batalhas e dar respostas que beneficiavam o povo, a administração democrática popular adquiriu confiança e respaldo. Mobilizou a cidade, ou a maior parte da cidade, em torno de causas que foram entendidas não apenas como bandeiras de um grupo político, sim como essenciais para serviços de melhor qualidade, ou para a defesa dos interesses da maioria.

Um caso emblemático nesse sentido ocorreu em 1991. Em 28 de fevereiro daquele ano, Santos, em uma mobilização capitaneada pela prefeita, parou para defender o emprego de 5.372 trabalhadores portuários, demitidos naquele mês por decisão do então presidente Fernando Collor de Mello. Reivindicando reposição de drásticas perdas salariais, os trabalhadores do porto estavam em greve desde o início do mês. Em retaliação, e como prática da política neoliberal de desmantelamento da estrutura pública, vieram as demissões. Trabalhadores e suas famílias montaram vigília em frente à sede da Companhia Docas do Estado de São Paulo (Codesp), na Avenida Rodrigues Alves, no Macuco. Foram dias de acampamentos ali, e de atos na Praça Mauá, à porta da Prefeitura, com Telma e equipe da administração democrática popular fazendo coro ao pleito dos trabalhadores. A prefeita chegou a ir a Brasília conversar com as autoridades federais. Decretou calamidade pública. A cidade se sensibilizou. Trabalhadores e empregados paralisaram as atividades em 28 de fevereiro. O movimento ecoou pelo mundo; era o maior porto da América Latina que estava em questão. O governo federal teve de recuar. Ao documentário "28 de fevereiro: a vitória da resistência", Telma narra:

— Nós fizemos um movimento que teve repercussão nacional. Com retaguarda organizada – as mulheres, os trabalhadores, os sindicatos, o Fórum da Cidade [grupo que reunia representantes de diversos segmentos da sociedade] – a então prefeita, no caso eu, fui a Brasília para dizer (...) que não estávamos de brincadeira, que era muita, muita maldade, e uma situação absolutamente injusta (...) Quando retornei de Brasília, após essa conversa, Jarbas Passarinho [ministro da Justiça], pessoalmente me ligou, dizendo 'prefeita, pode levantar o estado de calamidade pública, porque nós não vamos demitir. Esses trabalhadores estão readmitidos'.

O episódio de 28 de fevereiro de 1991 já era colheita de reformas profundas em curso, as quais, por consequência, traziam mais resultados favoráveis, o que consolidava a confiança e o suporte popular alcançados, alimentando novas conquistas, e assim por diante, num círculo virtuoso. A batalha da comunicação social, reiteramos, foi fundamental para isso.

Para a cidade criar

O Projeto Carlitos, o Cine Arte, a Gibiteca, as Bibliotecas, o Miss

Vamos fazer um passeio pela orla?

Comecemos pela Ponta da Praia. Podemos partir do Aquário. E seguimos a pé, evidentemente.

Menos de um quilômetro de caminhada e, entre tantas belezas, vamos encontrar um biblioteca, no posto 6. É a "Biblioteca Mário Faria", inaugurada em 1991 pela administração democrática popular. Hoje, 2019 para 2020, é espaço de leitura à beira-mar, com mais de 30 mil livros. Uma estante é reservada só para obras de autores santistas. A biblioteca do posto 6 é local também de lançamentos, rodas de conversa, mostras e exposições. Fica aberta inclusive aos finais de semana.

Feita a pausa para a leitura, continuemos a caminhada. O belo jardim e o mar à nossa esquerda. À direita, os edifícios tortos da avenida da praia. Mas eis que entre os arranha-céus surge um casarão, branco, imponente. Arquitetura do início do século XX. Um totem moderno informa: Pinacoteca Benedicto Calixto. Um banner anuncia a exposição do momento. A entrada é gratuita. Além da visita ao acervo (incluindo o de uma biblioteca lá dentro), é possível desfrutar do jardim que cerca o casarão. Área verde, sombra.

A criação da Pinacoteca Benedicto Calixto é resultado de uma extensa e intensa mobilização de setores da sociedade santista. Não foi obra exclusiva da administração democrática popular – desde 1979 a Prefeitura intercedia com o intuito de instalar no casarão um equipamento público. Em 1986, decide-se pela criação da pinacoteca. A administração democrática popular, a partir de 1989, não deixa o processo se interromper. Ao contrário. Garante a continuidade do restauro e das obras de reforma do casarão. É decisiva para a conclusão dos trabalhos.

A Pinacoteca Benedicto Calixto é entregue ao povo em 4 de abril de 1992. Caminha para completar 30 anos se consolidando como referência em atividades artísticas e culturais no litoral de São Paulo. Um projeto prevê a construção, nos fundos, onde funciona um estacionamento improvisado, do Museu de Arte Moderna de Santos. O projeto foi publicamente apresentado em 2010. É assinado pelo renomado arquiteto Paulo Mendes da Rocha. O que falta para sair das pranchetas? Dinheiro, é fato. Mas talvez vontade política.

Voltemos aos jardins da orla?

Quase em frente à Pinacoteca está o posto 5 e, você santista, sabe bem o que funciona no posto, além de unidade de salva-vidas do Corpo de Bombeiros (como ocorre com os demais postos; são sete ao todo). Sim, chegamos à gibiteca. São milhares de revistinhas em quadrinhos: Turma da Mônica, Disney, super heróis; tem de tudo. Uma gibiteca à beira mar. Entrada gratuita, livre para todos os públicos. Só pedem para não entrar em trajes de banho.

A gibiteca também é de 1992. Obra da administração democrática popular. Inaugurada por Telma de Souza em dezembro daquele ano. Chama-se Gibiteca Marcel Rodrigues Paes, jornalista que recém morrera, precocemente, aos 26 anos de idade, e um apaixonado pelo universo dos quadrinhos. A gibiteca do posto 5 é espaço de leitura, de exposições, de rodas de conversa, de lançamento de obras. Em tempos de cultura geek, virou ponto de encontro da galera, do litoral, da capital, do interior. Está tão incorporada à paisagem dos jardins da orla como os chapéus de sol que garantem sombra ao passeio.

Retomemos a caminhada.

Logo depois da Concha Acústica, já no Gonzaga, vem o posto 4. Bom, já encontramos biblioteca, gibiteca, o que descobriremos nesse posto de salvamento, desta vez?

Quem falou cinema, acertou.

Cine Arte Posto 4.

É até verbete na wikipedia.

É uma sala de exibição – a qual leva o nome do jornalista e crítico de cinema santista Rubens Ewald Filho (1945-2019) – de filmes raros de serem encontrados no circuito comercial. Cinema nacional, cinema europeu, cinema latino-americano, cinema oriental, cinema iraniano, cinemas africanos, passa tudo lá. O ingresso, super acessível: R$ 2, simbólico, só para manutenção do espaço mesmo. É casa também de mostras de audiovisual – como o Curta Santos ou o Santos Film Fest. Nesses casos, a entrada costuma ser gratuita.

O Cine Arte Posto 4 é tão a praia de Santos como os navios que vemos no horizonte, esperando vez para entrar no porto. Foi inaugurado por Telma de Souza em 8 de novembro de 1991.

A gente vai continuar o passeio pela orla depois. Porque vamos interromper para mostrar que as sementes plantadas para uma cidade criativa, quase 30 anos atrás, foram espalhadas por outros lugares de Santos.

Para ficarmos no campo da literatura, citamos a Biblioteca Silvério Fontes, situada na Zona Noroeste, até então carente de pontos de cultura. Hoje conta com mais de 13 mil livros, além de abrigar mostras e bate papos. Funciona desde 1991. Legado de um governo democrático popular.

Uma biblioteca volante – montada em um ônibus que foi adaptado – circulava pelos bairros até o final dos anos 90. Infelizmente, o programa foi descontinuado pela gestão iniciada em 1997, assim como, essa mesma gestão, fechou a biblioteca Hilda de Souza, que funcionava no térreo do ambulatório médico de especialidades do Valongo, e servia aos pacientes e aos trabalhadores da região central, principalmente no horário de almoço. A biblioteca, inaugurada por Telma em 1992, levava o nome de sua mãe – que foi vereadora no final dos anos 1960, início dos anos 1970. A biblioteca volante foi retomada, em 2006, não mais montada em um ônibus, sim num trailer. Não importa. O que vale é que a ideia foi resgatada, e leitura está sendo levada a diversos pontos da cidade. O projeto chama-se "Leia Santos".

O Centro de Cultura Patrícia Galvão, que quando Telma assumiu era constituído pelo Teatro Municipal Braz Cubas e pela Biblioteca Alberto Sousa, foi reforçado. Primeiro na própria gestão de Telma (1989-1992), que instalou a Hemeroteca Roldão Mendes Rosa e o Teatro de Arena Rosinha Mastrângelo. Depois no governo David Capistrano (1993-1996), que criou o Museu da Imagem e do Som de Santos, o chamado Miss.

A hemeroteca funciona até hoje. Dispõe de mais de 80 mil arquivos – jornais locais na íntegra, e reportagens de jornais separadas em pastas temáticas. Aliás, para produzir este livro aqui que você lê, o autor recorreu várias vezes ao acervo da hemeroteca. Sim, a internet não dá conta de tudo.

O Miss também segue a todo vapor. O espaço é modesto, todavia o material em exposição e o arquivo são incríveis. Encanta os aficionados em rádio, televisão, cinema. São mais de 20 mil títulos entre dvd, vhs, filmes em película, arquivos em áudio, cartazes, documentos em geral – sem contar objetos, como câmeras antigas, televisores e aparelhos de rádio de várias épocas, entre outros equipamentos. O Museu da Imagem e do Som de Santos tem ainda uma sala de exibição com 75 lugares, com sessões regulares e de cinedebates ou de mostras de cinema em geral. Nasceu no finalzinho do ciclo de governo popular: foi entregue em 8 de novembro de 1996, pelo prefeito David Capistrano.

O Teatro Rosinha Mastrângelo – homenagem à jornalista e poetisa que foi uma das criadoras do tradicional Festa, o Festival de Santista de Teatro – foi fechado pela Prefeitura em 2009, durante o governo de João Paulo Tavares Papa (à época, do PMDB; quando da elaboração deste livro, ex-deputado federal pelo PSDB). Era para ser um fechamento temporário, para obras. Pois estamos, ao escrever estas linhas, em 2019, e o espaço segue tomado por entulho e indicativos de que, se alguma obra começou, foi paralisada duma hora para outra. Em 2013, o atual prefeito, Paulo Alexandre Barbosa (PSDB), assumiu prometendo finalizar os serviços em seis meses. Nada. Em 2015, o mesmo prefeito fez, publicamente, a promessa de novo prazo: 2016. Como dissemos, ao tecer estas palavras estamos em 2019, e o cenário de abandono do único teatro de arena de Santos, legado da administração democrática popular, é o mesmo de dez anos antes. Por que?

Protesto feito, encerremos este capítulo relembrando de uma das políticas públicas mais emblemáticas no intuito de tornar Santos uma cidade criativa: o Projeto Carlitos. Trata-se de um programa de inserção de teatro, teatro de bonecos, música, dança, artes plásticas, capoeira nas escolas municipais, no contraturno – embrião da escola de tempo integral. O Carlitos resgatava a tradição santista de formação para as artes dramáticas. Envolveu, mobilizou a garotada. Foi idealizado e coordenado pela professora, artista plástica e escritora argentina, radicada em Santos, Beatriz Rota-Rossi. A gestão sucessora da administração democrática popular, a partir de 1997, não deu continuidade ao projeto.

Para a cidade se mexer

As praças, os shows, os esportes

Os alunos da rede municipal de ensino contavam, além do Projeto Carlitos, com opções de atividades esportivas para fazer no contraturno – promovidas em centros esportivos como o do Rebouças, na Ponta da Praia, o Chico Guimarães, no Jabaquara (onde hoje é o Centro de Treinamento Rei Pelé, do Santos Futebol Clube), do Dale Coutinho e Manoel Nascimento Júnior, na Zona Noroeste.

Uma cidade que cria e se exercita. Que se diverte.

Principalmente na Zona Noroeste e nos Morros, o legado de áreas que se transformaram em espaços de convivência, lazer e esportes é incalculável. Sem contar praças que já existiam e foram radicalmente modificadas. Se dermos uma volta em Santos hoje, 2019, boa parte do que vamos encontrar foi plantada nos oito anos de administração democrática popular.

A Praça Palmares, no Canal 4, que o mundo inteiro conhece como a praça em que o Chorão, do Charlie Brown Jr., curtia seu skate, teve a pista pública para os praticantes desse esporte construída na gestão de Telma de Souza. Dessa reforma, a praça ganhou um busto de Zumbi dos Palmares – mais de dez anos antes de o Brasil celebrar oficialmente o Dia da Consciência Negra, a luta quilombola já era reverenciada anualmente na Praça Palmares.

A Praça da Paz Universal, refúgio de lazer para os moradores do Castelo, da Areia Branca e do Rádio Clube, é obra da gestão David Capistrano. É do período de Capistrano também a reurbanização de áreas no entorno do BNH na Aparecida – reivindicação de mais de 20 anos, desde que o conjunto habitacional tinha sido entregue. Os jardins, os bancos para descanso, o parquinho para crianças, fora um e outro reparo, uma e outra substituição de equipamentos, estão lá do jeitinho que Capistrano inaugurou, em 1996.

Outra área que por quase 20 anos esperou por algum tipo de intervenção foi o Emissário Submarino. As bases para o parque atualmente ali instalado começaram no governo de Telma, que estendeu o jardim da praia para a área do píer, trabalho continuado por Capistrano. Já que voltamos à orla, que tal retomarmos aquele passeio do começo do capítulo anterior?

É que do Emissário Submarino, no José Menino, seguindo em direção à Ponta da Praia, em 15 minutos, a passos calmos, encontraremos no posto 2 a primeira escolinha pública de surfe do Brasil. Foi inaugurada em junho de 1992, por Telma de Souza, embora desde o ano anterior já houvesse aulas – a Prefeitura utilizava o prédio da Faculdade de Comunicação Social (Facos) da UniSantos, a duas quadras da praia, como ponto de apoio. A escolinha de surfe do posto 2 também é tão natural à paisagem da orla como os lírios e crisântemos do jardim. A escolinha atende iniciantes e iniciados de todas as idades – sim, de todas, inclusive velhinhos têm aulas de manobras sobre as ondas.

Ainda na orla da praia, está se tornando tradição a interdição da avenida, entre o Gonzaga e o Boqueirão, para que o espaço seja ocupado pelas pessoas, e não pelos carros. É o "Domingo de Lazer", implantado em 2012. O que deve ser lembrado, não pode se perder no tempo, é que muito antes essa iniciativa era promovida. O nome era outro – Espaço Alegria –, todavia o princípio era o mesmo. Estimular atividades físicas, artísticas, passeios, encontro entre famílias... O Espaço Alegria foi criado pela administração democrática popular em 1991, e era itinerante – às vezes na orla, às vezes em avenidas, em trechos em direção ao centro da cidade, nos bairros.

Tudo para uma cidade poder se mexer, criar, experimentar, vivenciar, viver.

Reencontrando o passado

O resgate do patrimônio histórico

O intercâmbio de gerações na famosa escolinha de surfe que citamos é um dos encontros que Santos passou a ter com seu passado, de uns tempos para cá. Tal aproximação intergeracional é fruto de sementes plantadas lá atrás, durante os dois períodos da administração democrática popular.

Se, da virada do milênio em diante, a cidade viu ressurgir ícones do seu patrimônio arquitetônico e cultural; se o Valongo e o Centro Histórico se tornaram palco de eventos das mais diversas naturezas e se consolidaram como pontos turísticos, é porque decisões basilares foram tomadas anos antes.

Já em 1989, no primeiro ano de administração democrática popular, foi criado o Conselho Municipal de Defesa do Patrimônio Cultural de Santos, e estabelecidos decretos que criaram na região central subzonas de interesse histórico--cultural. Tais medidas, mais parcerias com instituições de ensino superior e com organismos em esfera estadual e federal de preservação do patrimônio histórico, estabeleceram as condições para a recuperação de edificações, pelo poder público, e o estímulo para que o mesmo fosse feito por propriedades particulares.

As reformas da Casa de Frontaria Azulejada, do Outeiro de Santa Catarina e do Teatro Coliseu, e a recuperação dos escombros do Casarão do Valongo (onde em 2014 foi inaugurado o Museu Pelé) deram a largada nesse processo de recuperação de prédios históricos e, por conseguinte, de valorização do Centro como polo histórico, turístico e cultural. O "Cores da Cidade", na gestão David Capistrano, representou a recuperação e a valorização das fachadas do comércio. No lugar dos letreiros poluidores da paisagem, os detalhes da arquitetura das casas foram realçados pelas intervenções do projeto.

Como legado, além dessas obras concluídas e dos dispositivos legais e institucionais criados, a administração democrática popular, na gestão de David Capistrano, deixou para o sucessor o projeto de reurbanização e ampliação da Praça Mauá. O Paço Municipal (Palácio José Bonifácio) foi integrado à praça, com a eliminação da via em frente, substituída pela extensão da calçada da praça propriamente dita.

Agora, uma medida tomada pela gestão de Capistrano, que pouco teve de obra civil, entretanto decisiva para a recuperação do Valongo – atraindo para o bairro as atividades culturais e turísticas que temos hoje – foi a proibição da circulação por ali de caminhões que utilizavam a região como caminho para o porto. Barreiras foram instaladas na Rua São Bento, na altura do Largo Marquês de Monte Alegre, onde estão o Santuário do Valongo, a Estação de Ferro Santos-Jundiaí e ao Casarão do Valongo (hoje, Museu Pelé), às margens da zona portuária. A proibição, estabelecida em julho de 1996, foi apoiada pela comunidade do Santuário e pelos defensores do patrimônio histórico, todavia duramente rechaçada por empresários de transportadoras e atividades afins, que se valeram da oposição da grande imprensa local a Capistrano para tentar desgastar a medida, com o intuito de revertê-la.

À época, eu trabalhava como agente de trânsito da Companhia de Engenharia de Tráfego, a CET-Santos (por sinal, criada pelo governo Capistrano). Frequentemente era escalado para compor a equipe de operação no Valongo, que cuidava de garantir o cumprimento da proibição do fluxo de caminhões pela Rua São Bento e adjacências. A hostilidade dos caminhoneiros, inflamada pelos donos das transportadoras, tornava a missão pra lá de árdua; era insalubre, perigosa. Evidentes, porém, os benefícios da medida para que aquele casario de séculos não corresse o risco de desabar. Não fosse essa proibição e dificilmente estaríamos a contemplar atualmente a diversidade de construções que não raro abrigam exposições, feiras criativas, shows e outros eventos no decorrer do ano – atrações que geram emprego e renda, incrementam o turismo.[1]

---

1 Valongo Festival Internacional da Imagem, Santos Criativa Festival Geek, Santos Jazz Festival e Festival Santos Café são alguns dos eventos que atraem milhares de moradores e turistas para o Centro Histórico de Santos, e possíveis de serem realizados graças às intervenções iniciadas pela administração democrática popular.

Foi da gestão de David Capistrano da Costa Filho, um pernambucano que escolhera Santos como sua casa não havia nem oito anos, um dos maiores presentes que a cidade recebeu em toda sua vida: o encontrar sua origem. Até então, era uma incógnita a data de fundação de Santos. Tanto que, embora acumulasse mais de quatro séculos de história, a cidade contava sua idade apenas a partir de 1839 – quando, em 26 de janeiro daquele ano, a vila fora elevada à categoria de município. Capistrano, pessoalmente, em busca de informações encontrou escritos de Frei Gaspar de Madre de Deus, datados do século XVIII, que indicavam a fundação de Santos em 1546.

O prefeito constituiu um grupo encarregado de realizar pesquisas que ratificassem tais indícios. O dia exato permanece sem confirmação, mas o ano, foi comprovado: 1546 mesmo. A partir de 1996, último ano da gestão de Capistrano, o aniversário continuou a ser celebrado em 26 de janeiro, na incerteza quanto à data precisa de fundação. O tempo de vida, no entanto, foi recuperado. Uma ampla programação, entre 1995 e 1996, comemorou os 450 anos de Santos. Uma verdadeira redescoberta. Um reencontro com o passado. Que redefiniu o futuro.

Decidindo o futuro

David Capistrano prefeito

Quatro anos antes de se reencontrar com sua trajetória de quatro séculos e meio, Santos decidiu seu futuro apostando na continuidade da administração democrática popular. Nas eleições de 1992, a cidade escolheu David Capistrano da Costa Filho, o candidato do PT, para suceder Telma de Souza e dar sequência ao projeto em curso. Lembremos que, àquela época, não existia a reeleição no Brasil. Esse instrumento só entrou em vigência em 1998, por meio de emenda constitucional, aprovada no ano anterior, e de autoria do presidente Fernando Henrique Cardoso – o primeiro a se beneficiar da medida. Aprovação essa, por sinal, envolvida em denúncias até hoje nunca devidamente apuradas. Cardoso era, e é, do PSDB.

Fosse nos tempos de hoje, Telma seria candidata natural à reeleição. A prefeita entrava o quarto e último ano de gestão, em 1992, com popularidade incrível. As pesquisas de opinião davam de 80% a 90% de aprovação a seu governo. Mesmo entre a parcela da população que olhava torto para o partido dela, o PT, Telma tinha simpatia. E votos.

Quem a prefeita escolhesse para sucedê-la iniciaria a disputa em franco favoritismo. Favoritismo que se confirmou: a vitória de Capistrano em 1992 foi bem mais folgada que a de Telma, quatro anos antes. Todavia, foi um processo mais hostil. Fantasmas do reacionarismo típico da elite do atraso brasileira emergiram naquelas eleições. Deixaram sequelas que mesmo a consagração nas urnas não conseguiu superar.

David Capistrano da Costa Filho foi, então, o nome definido pelo PT e siglas coligadas. As políticas públicas de saúde, conduzidas por Capistrano, eram das mais exitosas e reconhecidas dentro e fora de Santos: a humanização da saúde mental de que já falamos, o programa de prevenção e tratamento da aids, a rede de policlínicas amparada pelo centro médico de especialidades do Valongo, o atendimento e internação domiciliar, além de outras medidas mais cotidianas (como a possibilidade de agendar consultas por telefone) faziam os santistas reconhecerem na área de saúde os principais avanços propiciados pela administração democrática popular. Capistrano era um dos nomes mais eminentes do governo municipal.

O sucesso dos quatro anos de governo Telma possibilitou à Unidade Democrática Popular ampliar o leque de alianças para a eleição do sucessor. O Partido da Mobilização Nacional (PMN), o Partido Popular Socialista (PPS, constituído a partir do grupo majoritário do antigo PCB) e o PC (o grupo minoritário do antigo PCB) se juntaram à coligação originalmente constituída em 1988. O PMN, inclusive, substituiu o PSB na composição para vice, indicando o comerciante Carlos Lamberti, que tinha sido secretário de Turismo durante a gestão de Antônio Manoel de Carvalho (1974-1979). Era um sinal de que a administração democrática popular tinha expandido o espectro político-ideológico de aliados.

Outro indicativo nesse sentido se observou nas diversas manifestações de apoio durante o processo eleitoral. Além das lideranças políticas e sociais do campo de esquerda, a campanha de Capistrano envolveu personalidades e entidades de classes dos mais variados segmentos da vida social e da atividade econômica: artistas, comunicadores, trabalhadores, empresários, acadêmicos, estudantes...

Ao mesmo tempo, e até em razão dessa fama popular, a elite do atraso se enraiveceu. Como é inerente a essa fatia historicamente privilegiada da população brasileira, a ojeriza ao povo, com nuances de discriminação, veio à tona. Sem fatos que pudessem contestar a competência de Capistrano e a adesão maciça ao projeto que o candidato petista representava, essa elite apostou no preconceito. Questionava o fato de Capistrano ser novato na cidade – estava há pouco mais de quatro anos em Santos (chegou para a campanha de Telma e permaneceu como secretário de Saúde). Mas, no fundo, a rejeição não era por ser apenas forasteiro; tal elite demonstrava não engolir também o fato de o médico ser nordestino – Capistrano era pernambucano, de sotaque carregado; não escondia suas raízes, genuínas, brasileiras.

Durante quase todo o processo eleitoral, as pesquisas de intenção de voto davam como muito provável uma vitória de Capistrano direto no primeiro turno. Os principais concorrentes não conseguiam deslanchar.

Beto Mansur, que era o maior representante do antipetismo – de 1989 a 1990, como vereador pelo PSDB, foi o maior opositor de Telma na Câmara de Vereadores – estava estigmatizado como o "candidato do Collor". Mansur, em 1990, foi eleito deputado federal. Embora estivesse no PDT, nunca teve qualquer relação com o trabalhismo ou brizolismo. Ao contrário; foi, inclusive, um dos defensores e entusiastas do governo de Fernando Collor de Melo. Enquanto o governo Collor, apesar do confisco da poupança, conseguia certo patamar de popularidade, a relação com o político alagoano era vantajosa a Mansur. Ocorre que em 1992 Collor já estava afundado nas denúncias de corrupção; enfrentava processo de impeachment. A rejeição a Collor se estendia aos aliados – Mansur entre eles. Além disso, Mansur disputou a eleição coligado ao PFL. O noticiário da época dá conta que parte significativa do PDT não engolia Mansur e não trabalhou para ele.

Outro nome representativo da oposição à administração democrática popular era Oswaldo Justo, do PMDB, que tentava voltar ao Palácio José Bonifácio, depois de ter sido prefeito entre 1985 e 1988. No entanto, Justo carregava o desgaste do longo tempo de vida política. Em 1988, aliás, não conseguira eleger seu sucessor. Entrava enfraquecido na disputa.

Um terceiro postulante de peso, Koyu Iha, do PSDB, não era propriamente um representante da oposição ao PT – lembremos que até meados dos anos 1990, PT e PSDB eram partidos de muita proximidade. Tampouco era uma candidatura que tinha adesão do campo progressista – tal campo se reunia na coligação de Capistrano.

A campanha de 1992 ganhou um reforço fundamental: a da propaganda na televisão. Ao contrário de 1988, quando não havia na cidade emissoras locais, em 1992 – com a TV Tribuna (Globo) e TV Mar (Manchete) – os santistas contaram com o horário eleitoral gratuito de seus candidatos para acompanhar, pela televisão. Quem se aproveitou muito bem dessa ferramenta foi Vicente Cascione, na época no PDS. Advogado, cronista de A Tribuna, dono de oratória inigualável, Cascione conseguiu se comunicar principalmente com o público avesso ao PT, mas que não enxergava em Mansur uma opção confiável e considerava Justo um personagem do passado. Cascione se alçou a representante de uma possível terceira via.

O advogado não precisava atacar o PT, ou Capistrano. Para isso havia Mansur e Justo. Este, por sinal, foi um dos grandes responsáveis por espalhar entre os eleitores o preconceito a Capistrano, pelo fato de ser nordestino. O jingle do peemedebista dizia, a certa altura: "Ele nasceu nesta cidade/ é santista de verdade/ Justo é justo com você..." – uma indireta ao fato de o petista ser de Pernambuco. Uma apelação lamentável, repugnante. O ex-prefeito poderia ter entrado para a história pelas obras que deixou para a cidade, importantes. Mas acabou ficando conhecido também por encampar o discurso de combate a lideranças de fora da cidade – só as do PT, claro. Não há outra palavra: repugnante.

Guardadas as proporções e as especificidades de conjuntura, o destilar de ódio ao PT na campanha de 1992 em Santos se veria semelhante em 2010, para a Presidência da República. Em 1992, tínhamos uma liderança petista, Telma, com popularidade na casa dos 90% de aprovação. Lula, em 2010, registrava índice similar, segundo as pesquisas de opinião. Telma apoiava para a sucessão um candidato reconhecido como exímio gestor na saúde, contudo pouco enraizado na política e na sociedade locais – afinal só há quatro anos estava radicado em Santos. Lula, por sua vez, indicara Dilma Rousseff, gestora irretocável (chefiando a Casa Civil e conduzindo os principais programas de governo), porém estranha na rotina político-partidária.

Em 1992, o jingle de Justo e o discurso de Beto Mansur faziam desabrochar preconceitos de classe, cor, origens. Em 2010, José Serra, do PSDB, adversário de Dilma na corrida ao Planalto, estimulou uma campanha moralista que fez escapar dos bueiros reações e sentimentos abjetos. Capistrano ganhou. Dilma ganhou. Mas passaram a ser perseguidos por reacionarismo asqueroso e que se instalou na sociedade feito erva daninha.

O fenômeno Cascione foi efêmero. O suficiente apenas para levar a eleição para o segundo turno. A retórica envolvente do advogado até encantou a parcela da sociedade avessa ao PT, entretanto a maioria dos santistas, diante dos avanços trazidos pela administração democrática popular, optou pela continuidade do governo Telma, que David Capistrano representava.

Pesou a favor também a capacidade que a candidatura Capistrano teve de obter apoios no segundo turno. Enquanto Cascione continuou sozinho – seu apoiador mais emblemático era Pelé; gênio do futebol porém carente de votos para agregar –, Capistrano trouxe para o seu lado o PDT anti Beto Mansur, e até segmentos mais progressistas do PMDB. Afinal, Capistrano tinha sido Secretário de Saúde de Bauru, entre 1984 e 1986, numa gestão peemedebista, de José Gualberto Tuga Martins Angerami. A mais decisiva aliança, contudo, foi a com o PSDB. Sim, petistas e tucanos caminharam juntos nas eleições de 1992 em Santos. Mais ainda: o PSDB teve papel de destaque na administração democrática popular encabeçada por Capistrano.

Exatos 141.437 eleitores santistas, ou 52,81% do total, colocaram pelo sufrágio popular David Capistrano da Costa Filho no Palácio José Bonifácio. Uma diferença de quase 31 mil votos sobre Cascione (opção de 110.583, ou 41,28% dos votantes). Menos de 6% dos eleitores (14.168) anularam ou deixaram a cédula em branco.

A reação dos reaças

O conservadorismo se opõe a Capistrano

O reacionarismo que viu seus privilégios definitivamente ameaçados com a continuidade da administração democrática popular não se conformou com o resultado das urnas. A aliança mais ampla no segundo turno garantiu a vitória, a posse de David Capistrano da Costa Filho e o início de um governo que aprofundaria as transformações e apresentaria quebras de paradigmas ainda mais significativos. Mas a polarização da campanha, alimentada pelas candidaturas de oposição - a rejeição ao "forasteiro" Capistrano e o discurso de que as batalhas como a do caso Viação quebrariam o município - em alguma medida tiveram aderência. Fertilizaram o terreno para uma narrativa iniciada já em 1993, primeiro ano de gestão de Capistrano, e intensificada até 1996, nas eleições seguintes, que lograram êxito em enraizar um antipetismo irracional, até hoje presente.

Como ocorreria, no plano nacional, depois da eleição de Dilma Rousseff em 2010, em Santos a direita, após a vitória de Capistrano em 1992, conseguiu se rearticular, penetrar em vários segmentos, disseminar um discurso palatável. Igualmente, contava com o oligopólio midiático como porta voz e aliado em tal intento.

Já em 1993 surgiu um movimento batizado de "Desperta Santos". Autodenominado de "apartidário", reunia grupos e associações dos bairros e segmentos mais abastados da sociedade. Palavras de um manifesto publicado (anúncio pago) no jornal A Tribuna, em 25 de outubro de 1993, não conseguiam esconder o reacionarismo e o preconceito de origem e classe que permeavam a mobilização contra o governo de Capistrano:

> "A máquina santista [sic] está inchada [sic], repleta de pessoas oriundas de outras cidades [sic] (...) nunca tivemos tantos mendigos, desocupados, e menores carentes e infratores perambulando

> pelas ruas, sem falarmos dos abusos cometidos por ambulantes e camelôs, a maioria 'importada', que se espalham por toda a cidade (...) Como santistas temos assistidos calados, entristecidos e, precisamos admitir, omissos, a essa total desintegração, e consequentemente descaracterização de cidade, permitindo que pessoas desinteressadas e alheias às nossas origens [sic], aqui façam tudo o que bem entendem, ameaçando levar Santos à falência total."

E o manifesto segue, despejando elitismo – reivindica "limitar o número de ônibus de turismo de fim de semana", isto é, dos mais pobres – e misturando problemas sociais e econômicos decorrentes de um país em crise (ainda em recuperação do impeachment de Fernando Collor) com atribuições da municipalidade; um menu de desinformação, fake news... De dar vergonha e asco. Lembra ou não lembra a reação dos reaças pré-golpe contra Dilma e durante as eleições de 2018? O "alheia às nossas origens" não se assemelha à xenofobia contra médicos cubanos? O "aqui façam tudo o que bem entendem" não remete à neurose em ver comunismo e Foro de São Paulo em tudo dessa gente que está hoje no poder em Brasília?

Pois é.

Capistrano precisou enfrentar o preconceito, o racismo e o ódio, de parcela poderosa e barulhenta da sociedade, que conseguiu disseminar a desinformação, a dúvida, o medo, e contaminar parte da população. É verdade que um racha interno no PT, e por conseguinte na aliança que formava a Unidade Democrática Popular, dificultou a resistência à hostilidade. Telma e Capistrano chegaram a se afastar; voltaram a caminhar juntos na campanha eleitoral de 1996, quando Telma foi candidata a prefeita.

Contudo, e sem embargo, as sementes do reacionarismo foram plantadas, adubadas e irrigadas pela elite do atraso – geneticamente avessa ao que emerge das camadas populares – e o obscurantismo dos períodos de exceção ressurgiu e se cristalizou. Não o suficiente, e ainda bem para o bem da maioria e de quem mais precisa, para comprometer legados ecoados mundo afora, como estamos vendo e nos aprofundaremos mais à frente.

Legados que não se apagam

As políticas e as obras sobrevivem ao tempo

A reação dos conservadores fez barulho. Tumultuou, conturbou. Não foi maior, porém, que a fertilidade das sementes que Capistrano conseguiu plantar, algumas viu florescer, e que até hoje rendem frutos aos santistas.

Não foi também mais forte que a história. Que o tempo. À medida que a vida segue seu curso, o tempo vai dando conta de reparar injustiças, fazer-nos entender os incompreendidos de antes, alcançar o pensamento de quem estava à diante de sua época.

Se a gente for andar à Santos de hoje, andar mesmo – ir ao Dique Vila Gilda, subir o Ilhéu Alto, alcançar o Morro do José Menino, se embrenhar pelos labirintos que são as ruas das Casas Populares do Macuco, bater à porta dos cortiços do Paquetá, dar uma volta pelo BNH, caminhar pelo Bom Retiro, Santa Maria, atravessar até a Ilha Diana, viajar ao Caruara – vai encontrar gente para nos mostrar: olha, isso aqui foi obra do Capistrano.

Vou citar dois exemplos, que até independem dessa circulada nas profundidades de Santos, porque foram expostos por aí, e dão testemunho de como um legado, mesmo quando abafado por quem tem a hegemonia da palavra, uma hora vem à tona pela espontaneidade de quem se vacinou contra preconceito, racismo, ódio.

Em julho de 2015, morreu uma das lideranças comunitárias mais emblemáticas de Santos, Wilson José Ferreira – o Nêgo Wilson, como era chamado. Morou muito tempo, décadas, no Macuco – fundou um bloco carnavalesco (o "Cacique do Macuco") e organizava, todo ano, a malhação de Judas nas ruas Santos Dumont e Eusébio de Queiroz. Na virada dos anos 1990 para os anos 2000, com a descaracterização do Macuco, que passou a receber atividades retroportuárias, expulsando moradores, Nêgo Wilson foi morar na Vila São Jorge, onde também virou referência.

Pois bem, quando da morte de Nêgo Wilson, escrevi um post para o extinto site *Ó Minha Santos*, que pertencia ao Portogente (este ainda no ar, e referência mundial em portais destinados a assuntos portuários). Para elaborar o texto, pesquisei, pesquisei, e encontrei uma reportagem de A Tribuna, de 7 de abril de 1996, sobre a malhação de Judas do Macuco. A matéria informava que o povo malhava, naquele ano, os "Judas" que representavam a carestia da conta de luz, a má qualidade do transporte público e governantes da época: o presidente Fernando Henrique Cardoso, o governador Mário Covas, os deputados federais Vicente Cascione e Beto Mansur. Um tinha escapado ileso ao protesto do povo: David Capistrano, o prefeito de Santos em último ano de mandato, e àquela altura massacrado pela elite e pela mídia hegemônica local. Nêgo Wilson sublinhava o fato, e explicava que a escolha dos malhados não era sua, era da comunidade – urnas espalhadas pelo bairro coletavam sugestões de protesto. O povo do Macuco não via Capistrano merecedor de pauladas.

E o povo do Macuco tinha razão para absolver o prefeito, porque Capistrano cuidava com carinho do bairro. Não poderia, não merecia receber pancadas. Criou duas áreas de lazer, a Rua Dráuzio da Cruz, até hoje um recanto arborizado, sossegado, e a Rua José do Patrocínio (desmontada anos depois pela gestão de João Paulo Tavares Papa). Zelou pela Bacia, pela Praça Rubens Ferreira Martins, e pela Praça Palmares deixada por Telma de Souza. Ampliou a rede de drenagem da Rua Padre Anchieta, eliminando pontos de alagamento crônicos.

Também em 2015, em novembro, quando escrevia em meu blog sobre os 15 anos da morte de Capistrano, me recordava que meses antes me deparara com outra manifestação de reconhecimento popular para com o pernambucano que administrou Santos. Fui a um dos quiosques da orla, no CPE (sigla criada pelos santistas para "Centro de Paqueras do Embaré", ponto no jardim da praia em frente à Igreja de Santo Antônio) e, ao me acomodar, como de praxe me foi oferecido o cardápio. Pois o menu, além de trazer as opções de lanches e seus respectivos preços, tinha no verso uma homenagem a David Capistrano. Pela primeira vez na história, assinalava o texto, um prefeito valorizava os trabalhadores da praia. Afinal, foi a gestão de Capistrano que substituiu os precários carrinhos de lanche do CPE e de toda orla por quiosques, mais confortáveis, higiênicos, atraentes.

Os quiosques complementaram as intervenções em paisagismo e equipamentos de lazer e cultura na orla iniciadas pela administração democrática popular, com Telma. Falamos delas já: a biblioteca no posto 6, a gibiteca no posto 5, o cinema de arte no posto 4, a pinacoteca, o jardim do emissário submarino... Já citamos também talvez o maior legado ao município: o resgatar das origens, quando o trabalho estimulado por Capistrano fez um grupo de pesquisa identificar o ano da fundação de Santos, e confirmar os quatro séculos e meio de história acumulados até então.

As políticas de saúde – rede de policlínicas, ambulatórios de especialidades, internação domiciliar, médico da família (similar ao Mais Médicos que seria criado por Dilma em 2013), a saúde mental – foram aprimoradas e ampliadas pelo governo Capistrano. Nessa área foi erguida também uma das maiores obras da Zona Noroeste em toda história dessa região popular e populosa de Santos: o complexo hospitalar local.

Aqui vale um parênteses para ilustrar a que ponto o reacionarismo da elite local, já abordado, chegava. O hospital começou a ser concebido em 1995, e foi entregue no ano seguinte. Capistrano escolheu batizar o complexo como "Hospital Dr. Ernesto Che Guevara", em homenagem ao médico argentino, revolucionário de Cuba. A inauguração, em 12 de outubro de 1996, um sábado pela manhã, contou com a presença da filha de Che Guevara, Aleida Guevara; do embaixador de Cuba, Ramón Sandez Parodi; de diversas outras lideranças, entre elas Luiz Inácio Lula da Silva; e sob grande aprovação da população da Zona Noroeste, que tinha de atravessar o maciço montanhoso que separa a região do restante da cidade, para ter acesso a um complexo hospitalar público. Por outro lado, sob histeria inacreditável da elite santista, que, valendo-se do poder de reverberação da mídia hegemônica aliada, condenava o batismo sob os mesmos argumentos toscos semelhantes aos de "ameaça comunista" pregados pelos que hoje estão no poder no país.

Capistrano, no dia da inauguração do hospital, desabafou, em carta contundente publicada na primeira página do *D.O. Urgente*. Acusou as críticas de "patrulhamento ideológico", "que nada mais é do que a intolerância, o despotismo e a ignorância, com o revestimento simpático de uma locução adjetiva". Na carta, o prefeito refutou desde as críticas mais disfarçadas, as quais alegavam que a contrariedade era apenas pelo fato de se homenagear uma liderança de fora, até as mais escancaradamente ideológicas:

> "Em Santos há uma praça John Fitzgerald Kennedy, uma praça Washington e uma avenida Presidente Wilson. Até o presidente Franklin Delano Roosevelt e sua esposa Eleonor dão nome a logradouros públicos. Portanto, não há nada de novo em homenagear personalidades estrangeiras, como esbravejam alguns."

E David Capistrano continua, ainda mais incisivamente:

> "Santos, aliás, é uma das cidades que mais sofre com a deferência a personagens que se destacaram como inimigos dos direitos humanos. Dois conjuntos da cidade homenageiam figuras ligadas à violação do regime democrático e à tortura, como os generais Castelo Branco e Dale Coutinho. Há também um conjunto Costa e Silva, que, todos sabemos, foi o pai do Ato Institucional número 5, responsável por um segundo golpe, mortes, perseguições, e, localmente, pela perda da autonomia política do município, com a cassação do mandato do prefeito eleito Esmeraldo Tarquínio. É um disparate, portanto, que se levantem vozes contra a escolha do nome do Dr. Ernesto Che Guevara (...) Pode-se ou não concordar com a visão de mundo de Guevara, mas não se pode negar que ele foi um exemplo mundial de doação, desprendimento e luta em favor dos mais pobres".

A polêmica foi fartamente explorada na campanha eleitoral de 1996 para a Prefeitura, pelo opositor Beto Mansur, que, tão logo assumiu em 1997, fez questão de tirar o nome de Guevara do hospital, rebatizando-o como Hospital Municipal Dr. Arthur Domingues Pinto.[1] Depois, com o tempo, tirou-lhe também a qualidade do serviço prestado pelo estabelecimento.

A gestão de Mansur, que incorporou o antipetismo e o reacionarismo da elite, alterou o nome do hospital da Zona Noroeste e tentou borrar outras obras do governo antecessor. Em vão, como se viu no reconhecimento a Capistrano entre o pessoal dos quiosques do CPE, e como se verá mais adiante com as policlínicas.

Antes, recordemos que foi a administração democrática popular que deu iní-

---

1 Mais de 20 anos depois, um hospital público "Dr. Che Guevara" está surgindo a 550 km de Santos: em Maricá (RJ), também sob governo democrático popular. Em 2019, as obras seguiam em reta final.

cio à malha de ciclovias que hoje é marca registrada de Santos. Deu início concebendo projetos, e executando dois emblemáticos, o que germinou também a cultura de se diminuir o espaço para automóveis, para abrir caminho caminhos para um modal saudável e sustentável como é a bicicleta.

Até 1992, a cidade contava apenas com uma ciclovia que não tinha sequer meio quilômetro de extensão, na Avenida Martins Fontes, Saboó. A administração democrática popular engendrou uma malha que atendesse aos trabalhadores do porto e à ligação leste-oeste da ilha. Desse projeto foi inaugurada, em 1992 mesmo, a ciclovia da Avenida Portuária, como era popularmente chamada a Avenida Oswaldo Aranha (atual Avenida Mário Covas). Ficou para a gestão de Capistrano a extensão da rede – a implantação da ciclovia das avenidas Afonso Pena e Francisco Glicério, cortando a zona intermediária da cidade no sentido já mencionado (de oriente para ocidente da ilha).

Isso se deu em 1996, quando o reacionarismo já se estabelecia como voz hegemônica. A ciclovia da Afonso Pena/Francisco Glicério,[2] embora atendesse às normas técnicas da época, e beneficiasse milhares de trabalhadores e estudantes (eu mesmo, na ocasião cursando o primeiro de Jornalismo, aderi à magrela para ir à faculdade; a ciclovia passava perto de casa e ficava a uma quadra da UniSantos, campus Pompeia), a ciclovia era alvo de críticas na mídia hegemônica. As desculpas, esfarrapadas: a de que prejudicava o trânsito, já que tinha exigido a eliminação de alguns retornos; ou de que havia árvores cujos galhos mais expansivos obrigavam ciclistas a se abaixarem (como se um poda não resolvesse), entre outras miudezas. A campanha foi tão forte, que a gestão sucessora, de Mansur, desativou a ciclovia.

Não que a gritaria tivesse razão. O desmonte da ciclovia serviu mais como um símbolo, uma demonstração de que se estava consertando um erro. O que não era verdade, e a gestão Mansur sabia. Tanto que, depois que essa gestão construiu uma ciclovia na orla – reivindicação dos mais abastados (e justa, inclusive) –, retomou o projeto deixado por Capistrano. Reconstruiu a ciclovia no trecho da Avenida Francisco Glicério, e deixou para o sucessor, João Paulo Tavares Papa, a tarefa de

2 Para quem não é de Santos: trata-se de uma única via, com cerca de sete quilômetros de extensão, com mudança de nome a partir da metade, mais ou menos.

continuar o trajeto pela Avenida Afonso Pena, o que foi feito em 2007. Ou seja: precisaram destruir o trabalho de Capistrano para perceberem que ele estava sim, corretíssimo, pelo menos dez anos à frente do tempo dessa gente.

Além dessa obra física, a gestão sucessora tentou extrair do imaginário popular o conceito "policlínica". No governo de Beto Mansur, as policlínicas passaram a ser oficialmente denominadas de "unidades básicas de saúde". Uma evidente tentativa de eliminar da conversa cotidiana referências à administração democrática popular. Em vão, repetimos. O termo – que sintetizava um modelo de atendimento ambulatorial de excelência – entrou para o dicionário de santistês. Ninguém diz "vou marcar uma consulta no *posto*" ou "na *unidade de saúde*". Todo mundo fala: "tenho médico hoje na *policlínica*". Em 2013, já na gestão do atual prefeito Paulo Alexandre Barbosa (PSDB, filho de Paulo Barbosa, o prefeito biônico entre 1980 e 1984), as unidades básicas de saúde foram rebatizadas de policlínicas. Sabiamente, o prefeito tucano percebeu que o termo policlínica era, para os santistas, sinônimo de qualidade; retomá-lo seria como resgatar uma qualidade que se perdeu no tempo.

Tem-se, pois, uma demonstração de que legados populares não se apagam nem com desmonte de obras civis, tampouco com canetadas. Ainda mais quando se tratam de legados que extrapolaram os limites do município de Santos, e inspiraram o país e até o mundo, como veremos no capítulo seguinte.

Legados que rompem fronteiras

As experiências de Santos para o Brasil – e o mundo

Comentamos, e trouxemos exemplos, de programas das duas administrações democráticas populares em Santos que obtiveram reconhecimento nacional e internacional. Esse reconhecimento não se restringiu a manifestações de apoio, elogios, prêmios, repercussão na mídia. Materializou-se como políticas públicas, nacionalizadas. Vejamos, com mais detalhes.

A chamada Lei Antimanicomial, por exemplo – marco legal que dispõe sobre a política saúde mental no Brasil –, é fruto do êxito das experiências criadas por Santos, a partir de 1989. Sancionada em 2001 pelo presidente Fernando Henrique Cardoso, a lei federal 10.216, de 6 de abril daquele ano, institucionalizou práticas engendradas em Santos, replicadas na sequência em outros municípios e incorporadas pelo Sistema Único de Saúde.

O programa brasileiro de prevenção e combate à aids, que começou a ser implementado pelo Ministério da Saúde em 1996, também foi exportado por Santos.

As ações de prevenção e combate à aids em Santos se iniciaram logo em 1989, com Telma na cadeira de prefeita e David Capistrano da Costa Filho na Secretaria de Higiene e Saúde. Consistia, num primeiro momento, em atendimento médico especializado, campanhas de orientação e distribuição de preservativos – ações voltadas principalmente ao público de risco, como das zonas de prostituição e usuários de drogas. Aliás, para este público em específico, a Prefeitura ousou ao entregar seringas descartáveis, para evitar o risco de contaminação pela reutilização do instrumento.

Os usuários de drogas representavam a maior parte (44,2%) das pessoas com vírus da aids, lá em 1989. A medida gerou polêmica – reações de setores conservadores, e de parte da população em geral. Com bastante diálogo – foram promovidos debates envolvendo a própria prefeita e o secretário, equipes de saúde do município, lideranças da Igreja Católica (àquela época o segmento religioso mais representativo), integrantes do Ministério Público, da Ordem dos Advogados do Brasil, entre outras instituições – houve convencimento. E a medida se mostrou acertada.

Outra ação inédita no Brasil e na América Latina adotada por Santos, na prevenção e combate à aids, foi o fornecimento, gratuito, do coquetel de medicamentos para o tratamento da doença. Em julho de 1996, o pioneirismo do programa santista foi destacado na 11ª Conferência Mundial de Aids, realizada em Vancouver (Canadá). À ocasião, 200 pacientes na cidade eram atendidos com o coquetel. No mês seguinte, fruto da repercussão na Conferência, a iniciativa foi objeto de reportagem especial no Wall Street Journal, dos Estados Unidos, renomado em boa parte do mundo.

Não só as políticas públicas romperam limites municipais, como integrantes da equipe de saúde das administrações democráticas populares santistas foram chamados para atuar nacionalmente com essas ações. Em 1992, o médico Fábio Mesquita, do programa de combate à aids de Santos, foi para o Ministério da Saúde, convidado pelo recém empossado titular da pasta, Adib Jatene, para cuidar da implementação de uma política federal. Cláudio Maierovitch, Roberto Tykanori e Antônio Lancetti também foram, anos depois, tocar políticas públicas no SUS, credenciados pela experiência santista - com protagonismo principalmente nos governos populares de Lula e Dilma (Fábio Mesquita também teve atuação importante nesse período). O médico Arthur Chioro, que fez parte da equipe de saúde de David Capistrano quando este foi secretário, chegou a ser ministro da Saúde, entre 2014 e 2015, de Dilma Rousseff, tendo o êxito das políticas santistas no currículo como credencial para o cargo.

O próprio David Capistrano, após seu mandato como prefeito, colaborou em políticas públicas nacionais, trabalhando no Ministério da Saúde. Até porque, as políticas públicas em saúde exitosas e de vanguarda comandadas por Capistrano (primeiro como secretário de Telma, depois como prefeito) contemplaram outras áreas, além da saúde mental e da prevenção e combate à aids. Duas delas, fundamentadas no modelo cubano, foram replicadas 20 anos depois, em escala nacional, com o programa Mais Médicos, criado pelo governo de Dilma Rousseff em 2013.

Falemos, primeiro, do Programa de Atendimento Domiciliar, implantado em 1991. Ação semelhante se desenvolvia em Niterói, também por uma administração democrática popular, de José Roberto Silveira (PDT), apoiada pelo governo estadual de Leonel Brizola (PDT). Ambas, a santista e a niteroiense, seguiam os princípios do médico de família da saúde cubana. Em 1996, quando outros municípios já adotavam prática similar – Londrina (PR), por exemplo, havia implantado em 1995, na gestão democrática popular de Luiz Eduardo Cheida (PT, à época), e destacava-se nesse quesito – o Ministério da Saúde criou o Programa Saúde da Família (PSF), em âmbito nacional. O Mais Médico reforçou essa filosofia, levando equipes para periferias de grandes e médias cidades, e para rincões no sertão, florestas, comunidades caiçaras, ribeirinhas, quilombolas e indígenas.[1]

Aprofundando o Programa de Atendimento Domiciliar, a gestão de Telma e Capistrano criou em 1992 o Programa de Internação Domiciliar, que na cidade passou a ser chamado pela sigla PID. Pacientes de famílias de baixa renda, mas com condições básicas de moradia, poderiam se manter internados em casa, recebendo diariamente a assistência de médicos e equipe de enfermagem. Mais do que uma forma de superar a escassez de leitos hospitalares, a internação domiciliar se configurava como uma opção mais humanizada de tratar doentes. Eles mantinham a convivência com a família, não ficavam longe do conforto de casa. O PID abrangia clínica médica, oncologia (pacientes com câncer) e pediatria.[2]

O primeiro paciente assistido pelo PID foi Emílio Cardoso, e o *D. O. Urgente*[3] registrou a chegada da equipe de saúde (um clínico geral e geriatra e uma enfermeira) à casa dele. Cardoso tinha 69 anos, era hipertenso e lidava com sequelas de dois acidentes cardiovasculares sofridos – tinha dificuldades de locomoção e de ingestão de líquidos. A esposa, Júlia de Jesus Cardoso, contava que há 20 anos o marido estava aposentado por invalidez, e que a internação domiciliar representava a "esperança":

1 Recomendamos *Mais Médicos*, livro de Araquém Alcântara (2015), que traz registros fotográficos dos atendimentos nas localidades afastadas dos grandes centros. Com o golpe de 2016, o programa foi sucateado, e desmantelado definitivamente pelo governo de Jair Bolsonaro.

2 Encarte especial na edição de 10 de março de 1992 do *D. O. Urgente* explica detalhes do programa. Disponível para consulta na Hemeroteca Roldão Mendes Rosa, Centro de Cultura Patrícia Galvão, Santos.

3 Edição de 12 de março de 1992, igualmente disponível para consulta na Hemeroteca.

— Não temos recursos para tratamento particular, nem como levá-lo ao médico, já que suas pernas não dobram; os hospitais não têm vaga; ele está sofrendo muito, e nós também; não sabíamos o que fazer...

Um mês depois, a reportagem do *D. O. Urgente*[4] voltou à casa de Emílio e Júlia, e encontrou o aposentado revigorado, e o ambiente de esperança tinha se concretizado em uma realidade mais feliz. O filho Mário Lourenço Luiz Cardoso comemorava, brincando:

— Meu pai está terrível. Anda sozinho, come de tudo e recuperou 70% de sua condição física anterior (...) Santos conta, hoje, com um atendimento de saúde de alto nível.

Quando o Programa de Internação Domiciliar começou a funcionar era raro no mundo. Além de Cuba, havia experiências no Canadá, Suécia, Holanda e Estados Unidos. Gestores públicos de outras partes do Brasil procuraram Santos para averiguar o funcionamento, e implantar em suas localidades.

Em quatro anos (1992-1996), o PID atendeu 5 mil pacientes. Com o término da administração democrática popular em Santos, o programa deixou de receber a atenção que merecia. A última notícia oficial que se tem dessa política é de 2006, e tratava do interesse despertado pela Prefeitura de Mauá. Já o Programa de Atendimento Domiciliar permanece em atividade – até porque foi política pública nacionalizada, incorporada como prática do SUS.

Outro programa de escala nacional, e dos mais aclamados do mundo em transferência de renda, o Bolsa Família é outro caso em que se incorporaram procedimentos experimentados pioneiramente em Santos. Em fevereiro de 1996, na gestão de David Capistrano, como parte do programa "Toda Criança na Escola" – esforço da Prefeitura para garantir inclusão universal na educação, e combater a evasão escolar, implantado em junho de 1995 - havia o Programa de Apoio à Família (PAF). Este consistia no pagamento de bolsas a famílias com crianças em idade escolar, matriculadas em estabelecimentos de ensino. O auxílio variava de R$ 50 a R$ 80 (valores da época; muito próximos, por sinal, do salário mínimo vigente,

4 Edição de 10 de abril de 1992, que pode ser consultada na Hemeroteca.

de R$ 112), conforme o número de filhos e a faixa de renda da família. No final daquele ano, 595 famílias eram contempladas.

Já havia experiência de pagamento de auxílio financeiro condicionado à manutenção de crianças na escola, adotada pelo Governo do Distrito Federal. Mas o programa do "Toda Criança na Escola" concebido pela administração democrática popular santista incluía, além dessa obrigatoriedade, a assistência social e de saúde, e o combate ao trabalho infantil. Esse conjunto de medidas aliadas à remuneração foi o salto dado pelo Bolsa Família, criado em 2003 pelo governo Lula, como unificação dos programas de transferência de renda então existentes (bolsa escola, vale gás).

O "Toda Criança na Escola" mereceu reconhecimento público do então ministro de Esportes, Edson Arantes do Nascimento – ele mesmo, o Pelé. Vale lembrar que na eleição municipal para a Prefeitura de Santos de 1992, Edson Arantes do Nascimento teve atuação de destaque, em favor do oponente de Capistrano, o candidato Vicente Cascione. Edição especial do *D. O. Urgente* de 25 de janeiro de 1996, sobre o aniversário de 450 anos de Santos comemorados no dia seguinte, trazia esta manifestação do Rei do Futebol:

— *Sempre defendi o trabalho de atendimento à infância e à juventude. Por isso tenho de agradecer ao prefeito de nossa cidade, pela atenção dispensada às famílias menos favorecidas da sociedade santista.*

Vinha do Unicef, o Fundo da Organização das Nações Unidas para a Infância, outro elogio à verdadeira força tarefa da administração democrática popular em universalizar definitivamente o ensino básico, feito pela integrante da instituição, Ximena de La Barra:

— *Penso que o exemplo de Santos na atenção às crianças deve ser divulgado, para entusiasmar outros municípios a buscar solução semelhante.*

Por sinal, em 1995 Santos foi contemplada com o Prêmio "Criança e Paz", do Unicef, pela atenção destinada à infância em suas políticas de assistência social, educação e saúde. Está nesse conjunto de ações o "Meninas de Santos", criado em 1993 para combater a exploração sexual e a prostituição infantil. Oferta de cursos e oficinas profissionalizantes, e utilização desse aprendizado para realizar serviços e obter renda, além de assistência social e educacional; a instalação de uma central telefônica para receber denúncias (semelhante ao Disque 100 nacional de hoje); e o envolvimento de gestores e profissionais de diversos órgãos constituíam-se em ações do programa, o qual, entre outras menções, recebeu manifestação de reconhecimento da Fundação Getúlio Vargas.

Pelé, que em 1996 era ministro de Esportes no governo Fernando Henrique Cardoso, tinha em Santos, e na área em que estava como gestor público, outra política para se referenciar. Aliás, anos depois, tal política de fato se viu replicada nacionalmente.

Trata-se do "Adote um Atleta", concessão de auxílio financeiro, em diferentes faixas de valores, a esportistas de diversas modalidades e em vários estágios de desenvolvimento – do iniciante, ao competidor de rendimentos. É verdade que o apoio a atletas já era desenvolvido pela Prefeitura santista, anteriormente à administração democrática popular. A partir desta, porém, o programa foi largamente ampliado, e incorporou ao esporte não só o conceito de prática esportiva, como também de uma atividade de desenvolvimento humano e social. Um dos secretários de Esporte desse período, entre 1991 e 1992, foi meu professor de Jornalismo na faculdade – o competente, e referência para nós estudantes e focas, Ouhydes Fonseca. Fui ter aula com ele já cinco, seis anos depois de ter exercido a função no poder público. Não era de utilizar das aulas para tratar de sua trajetória pessoal, todavia não raro, ainda mais se instado a comentar, ficava evidente sua satisfação em ter participado daquela equipe de governo.

O sucessor do professor Ouhydes na secretaria de Esportes, na gestão do prefeito David Capistrano, foi o sociólogo Célio Nori, atualmente figura atuante do Fórum da Cidadania de Santos. A formação e a atuação de Célio Nori contribuíram para que a visão holística do esporte fosse incorporada como política pública. O "Adote um Atleta" expandia-se período a período; foi principalmente sob sua gestão que se engendrou a Fundação Pró-Esporte de Santos (Fupes), a qual deu maior flexibilidade e autonomia para o poder público municipal cuidar dos investimentos na área esportiva. A Fupes segue firme.

O "Adote um Atleta" foi precursor do "Bolsa Atleta", criado no âmbito do governo federal em 2005, e foi se encorpando ano a ano. Desde 2012, permite que o esportista tenha outras fontes de patrocínios. O "Adote um Atleta" da Prefeitura de Santos incluía o auxílio financeiro direto do poder público, como também mobilização e intermediação entre empresas privadas para o patrocínio dos esportistas. O programa existe até hoje, embora tenha passado por modificações em 2005. Já graças ao "Bolsa Atleta", o Brasil tem melhorado sua participação em competições internacionais, tanto específicas por modalidades, como em Jogos Pan-Americanos e Jogos Olímpicos. Desde o golpe de 2016 e o corte em políticas públicas, o programa tem perdido força, todavia resiste.

Diferentemente do "Adote um Atleta", uma outra política social experimentada por Santos e contemplada por políticas nacionais foi interrompida localmente, por gestões sucessoras. Estamos a falar do Locação Social, primeira consistente iniciativa para se erradicar os cortiços de Santos – um dos problemas crônicos da cidade. A locação social como política pública foi prevista no Plano Nacional de Habitação de 2004, e de certa forma já tinha embasado a concepção do Estatuto das Cidades, de 2001.

Em síntese, a Locação Social era constituída por duas estratégias paralelas: uma, com a Prefeitura adquirindo imóveis degradados do Centro expandido (bairros do Paquetá, Vila Nova; entorno do Mercado Municipal) e locando, por valores módicos, necessários para a manutenção das moradias, a pessoas e famílias de baixa renda. Outra, por meio de parcerias com donos de imóveis que desejassem participar, adequando as instalações, e alugando via subsídios municipais. A inauguração do programa se deu em 26 de setembro de 1996, com a transformação de um casarão da Fundação Ruth Alexandre Mahfuz, na Rua Emílio Ribas, 87, em uma República de Idosos. Sim, velhinhos e velhinhas, sem lugar digno para morar, com baixa renda, foram os primeiros contemplados com o programa, que na sequência se estendeu para outras edificações da região. Com o término da administração democrática popular, o grupo sucessor na Prefeitura não deu sequência à ação.

Ficou, porém, como fonte de inspiração para iniciativas futuras, em outros lugares. Na cidade de São Paulo, programa similar foi implantado, durante a administração democrática popular de Marta Suplicy (do PT, à época), ainda que hoje esteja incipiente, para o tamanho do problema de habitação da capital paulista.

Esse conjunto de ações que mobilizaram a sociedade santista e chamaram a atenção de outras partes do país e do mundo renderam – fora as já mencionadas até aqui – uma série de manifestações de admiração, apoio, curiosidade, pronunciadas à época. Deixaram, principalmente, uma síntese de respeito e reconhecimento, que de algumas partes tardou a ocorrer, no entanto inevitavelmente veio à tona. Porque os fatos falam mais alto.

Testemunhos

O que toda a gente diz

Durante conversas, entrevistas e pesquisas para a produção desta obra, emergiram recordações, comentários, relatos. Declarações que confirmam o quão marcante para a cidade, e para o país (e sem megalomania nenhuma; é porque é isso mesmo) foram as reformas promovidas pela administração democrática popular, em suas duas gestões consecutivas.

"Isso tem de ser contado mesmo".

"Dá um livro sim".

"Era um tempo em que Santos se destacava por ser vanguarda em saúde".

"Olha quanta coisa tem aí na cidade que foi obra da Telma".

"O Capistrano apanhou muito da mídia, da elite, mas essa mídia e essa elite bem que sabem de como ele fez para Santos, não há como negar".

"Lembra dos shows de graça na praia, no verão?".

"A coleta de lixo reciclável, quando nem se falava nisso, começou naquela época". "Sim, se chamava 'Lixo Limpo'".

"A Prefeitura distribuía cadernos aos estudantes feitos com papel reciclado recolhido".

"A Telma recuperou a balneabilidade das praias, até numa novela da Globo, a Deus Nos Acuda, isso foi falado".

"O Capistrano criou a CET [Companhia de Engenharia de Tráfego]; criticavam, falavam que tinha que acabar, mas já pensou a cidade hoje sem a CET, que caos seria?".

"A Cidade Junina, que depois deram outro nome - Inverno Quente, Festa Inverno -, começou lá com a Telma".

"A Telma mudou a Zona Noroeste; era só barro; fez praça, escola".

"A Cassandra [Maroni Nunes], a ' mulher que segura os morros'... foi com o programa comandado por ela, na época da Telma e do Capistrano, que acabaram os deslizamentos fatais nos morros, pode cair a chuva que for".

"Antes de se ter feriado do Dia da Consciência Negra, na Praça Palmares a Telma colocou o busto do Zumbi dos Palmares, e já tinha atividade lá".

"A assistência jurídica gratuita que a Prefeitura fornece começou na época da Telma, quando foi feito um convênio com a OAB".

"O Capistrano já tinha como projeto um teleférico para os morros. O atual prefeito resgatou isso como novidade, disse que ia atrás de recursos, mas não falou mais no assunto".

"Outro projeto do Capistrano: um banco municipal, para fazer o dinheiro circular aqui".

"A recuperação do entorno do Valongo começou com o Capistrano. Ele que proibiu o tráfego de caminhões, pôs ordem ali".

"Essa história de revitalizar a parte velha do porto para polo turístico e cultural, foi o Capistrano quem deu início às tratativas também".

"A favela se chamava 'Caldeirão do Diabo'; o Capistrano quem melhorou, hoje se chama Vila Santa Casa".

"O trecho final da Senador Feijó foi aberto no governo Capistrano".

"Lembra das Feiras Modelos, da época da Telma? Como a inflação era alta, lá os preços eram mais em conta".

"Tinha o Dia do Peixe e o Dia da Fruta, barracas que vendiam isso, para estimular o consumo saudável."

"A área continental é protegida hoje por causa de uma lei da gestão da Telma."

"Sabe os prédios tortos da praia? Foi no governo do Capistrano que a Prefeitura fez o primeiro estudo geológico e passou a monitorar, e deu a segurança de que eles não têm risco de cair. São 57 prédios, construídos entre os anos 40 e 60. O que estava em situação mais grave foi aprumado."

> "A Orquestra Sinfônica Municipal, cujos integrantes vão abrir a Convenção Nacional de Solidariedade a Cuba em Santos, em 2019, foi criada pelo governo de Capistrano, em 1994."

Isso é só um apanhado de conversas cotidianas.

Trazemos mais manifestações, agora de, digamos, personalidades. Foram extraídas de edições diversas do *D. O. Urgente*. Tem até uma declaração do Roberto Marinho – ele mesmo, hoje falecido –, o patriarca das Organizações Globo, enaltecendo em 1991 a luta da gestão Telma por democratizar e modernizar o Porto de Santos:

— *A senhora [prefeita Telma] vai ligar seu nome a uma grande obra patriótica. Estou interessado no Brasil e tenazmente empenhado na defesa do Porto de Santos, que é importantíssimo.*

Ainda em 1991, o embaixador da Grécia, sobre o cuidado com a limpeza urbana da cidade, declarou:

— *Conheço Santos há 24 anos e nunca a tinha visto tão limpa como agora.*

A seleção feminina de basquete se preparou em Santos para os Jogos Pan-Americanos de Havana, Cuba, em 1991, quando conquistou um ouro inédito e histórico para o Brasil (é famosa a imagem de Fidel Castro brincando com Hortência e Paula, dizendo que não ia entregar-lhes medalha porque tinham acabado com a festa cubana, ao derrotarem as donas da casa na final). Antes de embarcarem para o Pan, Hortência, Paula, a técnica Maria Helena e a auxiliar Heleninha declararam:

— *Nós estamos aqui porque somos fãs de seu [Telma de Souza] trabalho.*

Há ainda registros dos músicos Gilberto Gil e Pepeu Gomes elogiando a programação cultural de verão e recuperação da balneabilidade das praias - a administração democrática popular instalou um sistema de comportas que desvia as águas dos canais de drenagem para o sistema de tratamento, e efetuou fiscalização contra ligações clandestinas de esgoto nos canais. Do apresentador Jô Soares enaltecendo o projeto Tam Tam na saúde mental; o então senador Eduardo Suplicy (PT) congratulando pelas políticas públicas exitosas; a historiadora Ana Leocádia Benário

Prestes, filha de Olga e Luiz Carlos Prestes, também ressaltando a vanguarda das políticas públicas santistas. Patrícia Pillar, que visitou pessoalmente Telma em 1992 em seu gabinete, relembrou dos tempos em que morou em Santos, nos anos 1970, e de como a cidade estava reanimada. Enfim, a lista é gigante.

Passados 30 anos do início dos dois períodos de administração democrática popular em Santos, e mesmo atores sociais que à época estavam em campos opostos, atualmente – e já há certo tempo – valorizam legados e os protagonistas daquelas gestões. Em 2012, por exemplo, o então prefeito João Paulo Tavares Papa, do grupo político de oposição às gestões petistas, batizou com o nome de David Capistrano da Costa Filho a Central de Regulação do Samu (Serviço de Atendimento Móvel de Urgência) na cidade, fazendo questão de enaltecer como as políticas públicas de saúde de Santos e do Brasil pós anos 1990 são herança do médico e ex-prefeito. Acompanhei in loco a solenidade, que contou com lideranças políticas sociais de diversos espectros políticos ideológicos – até o sucessor, Beto Mansur, deputado federal àquele momento, esteve presente, e dedicou palavras de reconhecimento ao trabalho de Capistrano. A filha de Capistrano, Adélia Benetti de Paula Capistrano, falou e recebeu homenagens, representando o pai.

No comecinho de 2019, foi a vez de uma escola municipal recém construída, na Vila São Jorge, Zona Noroeste, receber o nome de outra figura fundamental para o sucesso das administrações democráticas populares em Santos – a professora Maria Lúcia Prandi (1944-2015), secretária de Educação na gestão Telma. O Projeto Carlitos, a valorização da carreira do magistério, a implementação de políticas pedagógicas libertadoras colocaram a educação pública santista em patamar de excelência. O trabalho tornou Maria Lúcia como referência na política – em 1993 foi a primeira mulher a presidir a Câmara de Vereadores; depois foi deputada estadual e federal. O prefeito Paulo Alexandre Barbosa, do PSDB, que batizou a escola com o nome da ex-secretária, sempre deu manifestações públicas que enalteciam as qualidades de Prandi, mesmo historicamente tendo ambos atuado em campos opostos.

Também é de se salientar a mudança de postura do jornal A Tribuna, que já há algum tempo tem sido justo e fiel à realidade dos fatos e à história, reconhecendo, em seu conteúdo noticioso e editorial, a importância e os acertos de políticas públicas das administrações democráticas populares; das figuras que protagonizaram aquele período, como a própria Telma e o próprio David Capistrano.

Telma de Souza, como se sabe, segue na vida pública, atuando com a garra e disposição de sempre. Depois de prefeita, foi deputada federal, voltou a ser deputada estadual e vereadora, e quando da produção deste livro, exercia mais um mandato na Câmara de Santos. É disparada a mais crítica e combativa do Legislativo. Em 29 de setembro de 2018, quando completou exatos 74 anos de idade, participou ativamente do ato "Ele Não" na Praça Independência, em Santos. Suprapartidária, a mobilização reuniu milhares de santistas que foram protestar contra a postura antidemocrática de Jair Bolsonaro, e em rechaço à candidatura dele. Do alto do caminhão de som, Telma demonstrava a disposição de uma novata, proferindo palavras, no entanto, de experiência ímpar. Disse-se motivada por aquele público jovem presente; que identificava ali uma retomada do espírito contestador de Santos; e que, apesar das adversidades, não era o momento de esmorecer.

Foi presenteada com um parabéns a você que ecoou pela Avenida Ana Costa, no cair de tarde daquele sábado.

David Capistrano da Costa Filho, como também se sabe, não está mais entre a gente. Morreu em 10 de novembro de 2000 – muito cedo, aos 52 anos. Terminamos este texto com trechos da carta que deixou aos santistas, na véspera de encerrar o mandato, e entregar civilizada e democraticamente o posto ao sucessor, Beto Mansur, apesar dos ataques sofridos pelo grupo de oposição nos derradeiros anos à frente do Palácio José Bonifácio. Escreveu Capistrano:

— Cumpri meu mandato honrando compromissos assumidos com a população que me elegeu em 1992. Tenho certeza de que tivemos muito mais acertos do que erros, e entregaremos a cidade ao novo prefeito com avanços em todos os terrenos: na parte social, na manutenção e conservação e na promoção do desenvolvimento econômico. Volto agora à condição de simples cidadão, para me somar aos que lutam por uma sociedade mais justa, mais igualitária e mais fraterna, aos que querem lutar pela manutenção e aprofundamento das conquistas obtidas nos últimos oito anos (...) Agradeço sobretudo ao povo de Santos, especialmente aos trabalhadores e às camadas mais humildes da nossa população, fonte de motivação de tudo o que construímos e do apoio constante em todos os momentos de nossa administração.

Extras

Dados, materiais complementares

Aqui nesta seção estão íntegras de entrevistas que fizemos para este livro, ou reprodução de materiais que serviram de fonte, ou dados complementares; e ainda posts do autor em seu blog, dados e materiais diversos que contextualizam o momento de produção desta obra, e a trajetória construída ao longo do tempo, até tal momento.

RESULTADOS DAS ELEIÇÕES PARA A PREFEITURA*

Fonte: Tribunal Regional Eleitoral de São Paulo

	1988 | TURNO ÚNICO
Telma de Souza (PT)	73.176
Del Bosco Amaral (PMDB)	72.183
Paulo Barbosa (PDS)	56.771
Nélson Fabiano Sobrinho (PSDB)	8.284
Jorge Yamazato (PFL)	3.138
Alceu Muniz (PDC)	2.017
Lia Geraldo (PCB)	1.904
Décio Clemente (PL)	1.517
Nobel Soares (PDT)	1.231
Brancos	29.167
Nulos	14.920
Total	264.307*

	1992 | PRIMEIRO TURNO
David Capistrano (PT)	98.035
Vicente Cascione (PDS)	65.697
Beto Mansur (PDT)	24.846
Oswaldo Justo (PMDB)	23.693
Koyu Iha (PSDB)	10.800
Brancos	35.757
Nulos	14.636

	1992 | SEGUNDO TURNO
David Capistrano (PT)	141.437
Vicente Cascione (PDS)	110.583
Brancos	1.676
Nulos	14.168

	1996 | PRIMEIRO TURNO
Telma de Souza (PT)	94.771
Beto Mansur (PPB)	80.662
Edmur Mesquita (PSDB)	41.628
Oswaldo Justo (PMDB)	30.975
Gilson Miguel (PV)	5.099

	1996 | SEGUNDO TURNO
Beto Mansur (PPB)	131.036
Telma de Souza (PT)	123.681

**Obs.: I) a eleição em 1988 era de turno único; II) em 1988, Bertioga era distrito de Santos; III) em 1992, Bertioga já havia se emancipado de Santos; IV) nos relatórios enviados pelo TRE-SP não constam total de votos brancos e nulos na eleição de 1996*

O D.O. Urgente por quem ajudou a fazer

Entrevistas Beto Paschoalini e Oswaldo de Mello

De onde surgiu a ideia de transformar o Diário Oficial de Santos num jornal popular, de serviços ao cidadão? Quem constituiu o grupo que deu forma a ideia?

BETO PASCHOALINI

A ideia de reviver o diário oficial e imprimi-lo na gráfica da Prodesan foi apresentada a nós pela Telma. Pra contextualizar: éramos um grupo de jornalistas que se formou em torno de projetos de imprensa alternativa e de outras "cositas más" nos anos 1970 e 1980, período de criação do PT. O projeto historicamente mais visível foi o Preto no Branco, o jornal da Cooperativa dos Jornalistas de Santos, com Oswaldo de Mello de editor. Dando nome aos bois, além do Oswaldo, esse grupo era Mauri Alexandrino, José Roberto Fidalgo, Edison Carpentieri e eu, além de outros que não entraram nessa história.

Não assumimos com o novo governo. Acho que apenas a Leda Mondim, chefe da Assessoria de Comunicação, assumiu no início, recebendo o apoio da jornalista Irene Ventura, ocupando um cargo de oficial de gabinete. A assessoria de imprensa da época era aquela deixada pelo Oswaldo Justo. Inchada e pulverizada, sem pauta e sem controle funcional.

Há tempos vínhamos nos empenhando em criar um órgão independente em Santos. Na maioria, éramos do jornal Cidade de Santos e tínhamos A Tribuna como "inimiga existencial". Outros trabalhavam n'A Tribuna e pensavam a mesma coisa.

Acho que em abril de 1989, por iniciativa da Telma, comecei a ajudar a Leda, o que consistia em formar a equipe. Entre os jornalistas que se encontravam na Assecom quando chegamos, havia muitos que poderíamos aproveitar. As demissões foram o mínimo necessário para acomodar uma equipe que pusesse a assessoria pra funcionar e gerasse um diário.

A primeira reunião para tratar do diário oficial foi na casa da Telma, estando presentes, se não me engano, a anfitriã, o David Capistrano, o Alberto (ex-marido da Telma), a Leda, Oswaldo, Mauri e eu. O Oswaldo defendeu o jornal como prestador de serviço ao cidadão e o modelo prevaleceu.

O objetivo era matar dois coelhos com um tiro só. Geraríamos notícia em escala para suprir o *D.O.* e ainda uma quantidade enorme de releases, numa época em que qualquer papel oficial que caísse numa mesa de repórter ele iria aproveitar.

O nome *D.O. Urgente* foi criado pelo Oswaldo. Ele pediu dois parceiros, que ele não era bobo: Mauri e o Marcos Augusto Ferreira, o Marquinho Miracatu. E exigiu que o jornal fosse editado por eles numa sala no prédio da Prodesan, onde ficava a gráfica. Afastado portanto do gabinete e das secretarias municipais. Uma autonomia impensável nos dias de hoje. Palmas para a Telma.

Criamos uma redação, que funcionaria no mesmo local onde já estava instalada a Assecom, em três salas ao fundo do gabinete da prefeita, com ligação direta sem roleta no caminho. Dividimos a assessoria como em editorias: Saúde, Esportes, Economia, Obras e Serviços, Ação Social, Transporte, Administração. Cada secretaria era tratada como uma editoria, tendo cada uma um setorista. Quem chefiava era a Leda, eu a substituí eventualmente como em férias, e atuei a maior parte do tempo como chefe de redação. O Helder Marques era pauteiro e chefe de reportagem. O falecido fotógrafo Nivair Neves, nosso companheiro de Cidade e Preto no Branco, comandava a fotografia. Eu e Hélder líamos todas as matérias, exigindo objetividade e o tratamento jornalístico dos textos. Não queríamos fazer uma peça de propaganda, mas um jornal de qualidade e um serviço de assessoria de imprensa completo.

Por quanto você atuou no* D.O. *Urgente, e que funções exerceu?

BETO PASCHOALINI

Pra deixar claro, diretamente no *D.O.* ficavam os três da Prodesan. O resto era tudo assessoria/redação. Fiquei na assessoria até o final do governo da Telma. Saí antes do David assumir.

Poucos meses depois de lançado, veio a reação de segmentos conservadores e de oposição, que tentaram acabar com o* D.O.. *Houve uma mobilização em defesa do jornal. Como foi isso?

BETO PASCHOALINI

A reação foi imediata. Os demitidos foram quase totalmente absorvidos pel'A Tribuna. Imagina a gana dos caras contra o governo. Como reunimos todos os assessores (no total, o quadro de jornalistas só aumentou em três profissionais, a redação do *D.O.*), a redação antes esvaziada ficou cheia de jornalistas. Todos com pauta diária, apurando e redigindo as matérias, além de fazer o atendimento cotidiano da imprensa. O Justo, principal adversário do PT na época, falava que havíamos inchado a assessoria.

O nosso trabalho era impor uma versão que não deixava A Tribuna tratando os fatos com conforto. Com o *D.O.* sempre mantivemos a ofensiva na informação. Nenhum ato importante de governo era tratado apenas pela mídia tradicional. Produzíamos ao mesmo tempo e com qualidade o noticiário sobre os eventos. E tínhamos como veiculá-lo. Muitas vezes com edições especiais, tanto nas emergências políticas quanto nas iniciativas programadas, coordenados com o resto da administração. A cooperação entre os setores da administração da Telma foi a principal razão de seu sucesso.

O Oswaldo deve te dizer isto, mas ele queria que o *D.O.* atuasse como um ombudsman da administração. Isso era ideia dele, o governo nunca falou disso. Acho que foi ele quem sugeriu e criamos uma coluna chamada Fala, santista!, em que fazíamos entrevistas nas ruas colhendo críticas e sugestões à administração. Queríamos fazer aquilo que A Tribuna era incapaz. Produzir um noticiário crítico, honesto, que ajudasse o governo a entender as demandas e seus erros. Mas isso não iria durar.

A importância do* D.O. *ficou comprovada na sua longa existência. Mesmo os governos conservadores e alinhados à grande mídia mantiveram o jornal, ainda que modificando o nome. Só recentemente, mais de 25 anos depois, ele deixou de circular. Que legado você considera que o* D.O. *deixou na relação poder público-cidadão? E que legado para o jornalismo o diário deixou?

BETO PASCHOALINI

O D.O. Urgente só durou nas administrações petistas. A primeira coisa que o Beto Mansur fez foi tirar o nome do jornal. O que fez muito bem, pois diferencia categoricamente os dois veículos. O *Diário Oficial* depois do PT tornou-se apenas um órgão oficial burocrático e conservador. O único ponto em comum foi manter um noticiário autônomo ao lado das publicações oficiais. Mantiveram o jornal sendo impresso n'A Tribuna (esse sempre foi o grande problema), depois de sucatearem e se livrarem da gráfica da Prodesan.

Honestamente eu não sei te falar de qualquer legado, pois as comunicações viraram pelo avesso nesses anos todos. Talvez tenha deixado uma lição tardia – ou não! –, de que é preciso construir meios independentes de comunicação política. Não dá pra deixar o status quo ter domínio exclusivo da versão dos fatos.

O projeto do* D.O. *Urgente era algo que já constava do plano de governo da Telma, ou isso foi planejado depois da posse e diante dos desafios, das lutas, dos embates que a administração encontrou logo no início?

OSWALDO DE MELLO

Não sei se havia essa intenção prévia, talvez a Telma possa te esclarecer sobre isso. O que me lembro é de receber um ligação dela (na época eu editava um jornal de bairro, Gazeta de Moema, em São Paulo), dizendo que seu governo recém iniciado estava sendo sufocado pela imprensa hegemônica de Santos (leia-se grupo A Tribuna). Disse-me a Telma que precisava reagir a isso e que havia decidido publicar um *Diário Oficial* com notícias, pois ia retirar das páginas de A Tribuna os atos oficiais do município.

Como foi essa concepção do* D.O.. *É possível identificar "de quem foi a ideia", ou de fato uma proposta coletiva? Com que objetivo o diário foi criado e colocado em prática?

OSWALDO DE MELLO

Mesmo antes de ir trabalhar em São Paulo, o conceito de jornalismo de serviço já havia despertado meu interesse, principalmente pela experiência bem sucedida do "Divirta-se", do então Jornal da Tarde, veículo onde eu havia trabalhado de 1972 a 1978, atuando como correspondente de Geral para o Litoral Paulista. Foi a partir do entendimento de que toda Administração Pública (ainda mais a municipal) nada mais faz do que prestar serviços aos contribuintes que nasceu o *D.O. URGENTE* (essa foi grafia que adotamos). *D.O.* porque era assim que as pessoas se referiam aos Diários Oficiais; e URGENTE porque queríamos deixar explícita a ideia de um veículo noticioso. Éramos um grupo de jornalistas na faixa dos 35 anos, a maioria originários do antigo Cidade de Santos, ansiosos por contribuir com a cidade em que vivíamos e respeitávamos por sua história de vanguarda social e política. Nos detalhes do projeto houve, naturalmente, um trabalho coletivo, mas as linhas gerais foram lançadas por mim, que, como já disse, cultivava profundo interesse pelo jornalismo de serviço, na medida em que a função social do jornalista, em última análise, é exatamente a de prestar serviço aos seus leitores, buscando informá-lo com isenção sobre os fatos da vida.

Nosso objetivo era informar à população sobre a ação administrativa do Governo Telma da Souza. E nosso desafio era fazer isso sem alimentar personalismos de quem quer que fosse, mesmo da Telma. Para colocar em prática esse trabalho, montei uma Redação de Fechamento nas dependências da Prodesan, alguns andares acima da gráfica onde o *D.O. URGENTE* passou a ser impresso, redação essa formada por mim e mais dois profissionais de excelente texto e rapidez de produção: Carlos Mauri Alexandrino (amigo e irmão, recém falecido) e Marcus Augusto Ferreira (com quem havia trabalho em SP, na Gazeta de Moema).

Recebíamos ao longo do dia cópia de todos os releases produzidos pela Assessoria de Comunicação (Ascom) da Prefeitura (localizada no Centro), comandada por Leda Mondin, Helder Marques e Beto Paschoalini, e editávamos esse material, colocando-o numa linguagem rigorosamente jornalística, sem qualquer traço de assessoria. Com o tempo, a própria Ascom passou a nos mandar textos cada vez mais adequados ao nosso padrão. Junto à Redação de Fechamento também funcionava o laboratório fotográfico da Ascom, onde eram processadas todas as fotos produzidas pela Assessoria. A comunicação Ascom-Redação de Fechamento era feita por malote e/ou fax (uma novidade naqueles anos).

O* D.O. *se caracterizou por ser um jornal de serviços, de cidadania, não um instrumento de publicidade e propaganda da gestão. Ao contrário, em alguns momentos a gente até encontra notícias críticas. O quanto isso deu credibilidade ao jornal, e à administração pública?

OSWALDO DE MELLO

Algumas seções do jornal se destinavam a cobrar da própria administração pública o andamento de serviços anteriormente anunciados. Nosso entendimento era de que estávamos a serviço dos cidadãos, e não a serviço dos governantes. Sei que a Telma entendeu isso e nos defendeu permanentemente nas reuniões de secretariado. Ela confiava em nós, tinha amizade por todos, nos respeitava como profissionais. Isso foi fundamental, essencial para o sucesso do *D.O. URGENTE*, o nosso "segredo": total comprometimento da Telma, pois ela própria havia se atribuído a missão de servir à população de Santos. Dávamos em manchete os aumentos da passagem dos ônibus municipais, naturalmente explicando aos usuários do transporte coletivo, em detalhes, as variações de custos responsáveis por aqueles reajuste. Nada era escondido.

De dentro do jornal, vocês sentia que a cidade abraçava o* D.O.*? Como era essa relação com os leitores, os munícipes?

OSWALDO DE MELLO

Havia a resistência da Telma, através da Câmara; e havia a resposta extremamente positiva da população de toda a cidade, que procurava o jornal nas bancas, de forma crescente. A partir de determinado momento, os jornaleiros passaram a encartar o *D.O. URGENTE* em A Tribuna, como forma de turbinar a venda daquele jornal, o que também denunciávamos aos leitores, esclarecendo que o *D.O.* era gratuito e tinha de ser entregue sempre que solicitado ao jornaleiro. Foi uma luta que acabamos vencendo, com a gradativa ampliação da tiragem (muitas vezes pedida até por vereadores de oposição ao governo, em sessão da Câmara) e distribuição alternativa junto a sociedades de melhoramentos.

As administrações conservadores que sucederam Telma e David Capistrano mantiveram o* D.O. *– ainda que com outro nome. No seu entendimento, isso foi uma demonstração de como o jornal conquistou a confiança da população, de que se tornara um patrimônio público da cidade?

OSWALDO DE MELO

Capistrano, sim, inclusive com o mesmo nome, mas já então com alguma tentativa de orientação da linha editorial, o que levou à minha saída. Sem dúvida, a manutenção do jornal pelos governos que vieram depois da Telma foi o reconhecimento de sua importância para a população, ainda que após Governo Telma de Souza ele tenha gradativamente perdido as características que o originaram. Virou aquilo que nós, desde o primeiro dia, buscamos evitar.

É desafio, atual, dos governos democráticos e populares enfrentarem o conservadorismo da velha mídia. Infelizmente, na prática não temos tido tentativas de rompimento desse cerca. Em que a experiência do* D.O. *poderia contribuir para um projetode comunicação pública popular?

OSWALDO DE MELLO

Hoje, uma solução/produto de comunicação como o *D.O. URGENTE* não faria sentido. Tudo teria de ser feito via redes sociais. Mas as ideias-mestres seriam as mesmas: prestar serviço, informar, esclarecer, fiscalizar-se (antes de ser fiscalizado) etc.

A intervenção no Anchieta

Texto de Paulo Matos, no livro Anchieta 15 anos, publicado em 2004

No dia 3 de maio, ao meio-dia, reunida toda a comunidade organizada santista – da Ordem dos Advogados às sociedades de melhoramentos e sindicatos - e todos os órgãos de imprensa da cidade na rua São Paulo, em que ficava o Anchieta, foi feita a "invasão saudável".

Eram cinquenta pessoas que tiveram a oportunidade de conferir, naquela hora, o absurdo da situação, que descrevemos, daqueles seres. A intervenção não foi apenas um ato burocrático da prefeita em seu gabinete, mas ao inverso, declarada e concretizada no local após a invasão ao meio-dia do dia 3 de maio e só horas depois, assinada em seu gabinete.

O documento foi assinado por ela e pelos psiquiatras Tykanori Kinoshita e Domingos Stamato e pelos psicólogos Luiz Antonio Guimarães Cancello e Antonio Lancetti, entre outros. Era uma libertação real e comparável à demolição das paredes do manicômio de Trieste por Basaglia e seus clientes, como diria a psiquiatra Nise da Silveira, que nos anos 20 pôs em prática as modernas teses da psiquiatria, substituindo os pacientes.

O anúncio da intervenção sai no dia 4, decretada no encontro em que estavam juntos a prefeita e seu secretário de Saúde, além do diretor substituto do SUDS-52, Dario Campregher Filho, os integrantes da OAB e da Comissão Teotônio Vilela de Direitos Humanos. O interventor nomeado é o psiquiatra Roberto Tykanori Kinoshita, ex-diretor do Programa de Saúde Mental de Bauru e ex-estagiário de Franco Basaglia, com prazo de 120 dias para as soluções que se exigem. A comissão interventora se reuniria com os funcionários para as novas determinações resultantes da nova filosofia de serviço.

Na entrada no hospital da equipe de Governo ao hospital, acompanhada de um exército de jornalistas, fotógrafos, câmeras de TV e membros de entidades, os internos ficaram pasmos diante da cena, da visão daqueles personagens que entravam porta adentro. Agradeciam de joelhos e saudavam em lágrimas a mudança que, percebiam, chegava, aplaudindo e gritando – em atos de lucidez. As manchetes dos jornais paulistanos refletiram a importância do fato no dia posterior.[1]

1 Disponível em http://www.novomilenio.inf.br/santos/h0260r10f25.htm.

Dez anos sem o guerreiro da saúde

Post do Macuco Blog, 10/10/2010, por Wagner de Alcântara Aragão

Se você não conhece a história deste homem, por favor, uns minutos de atenção. É imprescindível saber o mínimo da história dele.

Afinal, este homem, David Capistrano da Costa Filho, está para a saúde pública do Brasil assim como Paulo Freire está para a educação.

Uma pena, perdemos Capistrano cedo. Ele morreu há exatamente dez anos, em 10 de novembro de 2000, com 52 anos de idade. Tinha complicações no fígado, decorrência do tratamento contra a leucemia, a qual havia superado 20 anos antes.

Capistrano foi um guerreiro de sua saúde e da saúde dos brasileiros.

Tratamento da aids, saúde da família, saúde mental, policlínicas públicas são programas do Sistema Único de Saúde (SUS), referências nacional e internacional, que começaram a ser implantados por David Capistrano. Primeiro, como secretário de Saúde de Santos, na gestão da prefeita Telma de Souza, entre 1989 e 1992. Depois, como prefeito do município, entre 1993 e 1996. Foram levados para o restante do país quando Capistrano, em 1997, integrou a equipe de Adib Jatene no ministério da Saúde.

Também foi Capistrano que colocou em prática, em Santos, o embrião do Bolsa Família, o Bolsa-Escola.

Lamentavelmente, o legado de David Capistrano ainda é pouco reconhecido. Mesmo em Santos, Capistrano sempre foi muito injustiçado. Uma elite conservadora e preconceituosa não engolia aquele comunista e nordestino de Recife revolucionando o município. Apanhava diariamente da mídia local, principalmente do maior jornal, A Tribuna, e da maior rede de rádio, controlada pelo principal opositor, Beto Mansur, que depois viria a ser eleito prefeito.

O mais emblemático episódio desse ódio ocorreu com o hospital que Capistrano construiu na Zona Noroeste, em região carente da cidade, e batizou com o nome de Che Guevara. A filha de Che, médica como o pai, Aleida Guevara, até participou da inauguração. Capistrano foi bombardeado, massacrado pela iniciativa – o tal Mansur, assim que assumiu a prefeitura, mudou o nome do hospital.

Felizmente, o tempo, sempre ele, dá conta de colocar tudo no devido lugar. No último domingo, A Tribuna publicou bela reportagem enaltecendo a obra de

Capistrano. Nesta quarta, às 18h, uma sessão solene na Assembleia Legislativa de São Paulo vai homenagear o ex-prefeito, médico sanitarista. Na internet, há muito tempo, porém, o Memorial David Capistrano nos conta um pouco de sua história. Acessando lá você lê depoimentos emocionantes de Adib Jatene, de Luis Nassif, Breno Altman, José Serra, entre outros. Hoje, Capistrano inspira várias ações.[2]

2 Disponível em <https://macucoblog.blogspot.com/search?q=david+capistrano>.

O coração é vermelho e do lado esquerdo

Por Cláudio Maierovitch, publicado no Memorial David Capistrano

David Capistrano Filho não conhecia o medo. Venceu a morte mais de uma vez, perseguido pela repressão ou pela leucemia. Talvez isso lhe desse a sensação de imortalidade, e era essa sua disposição para a luta e para a vida, a de quem nunca temia o que enfrentava.

Mas ousadia era o pano de fundo vermelho que acompanhava todos os cenários de sua atuação. David era avesso a conciliações, achava que as diferenças e polêmicas deviam sempre ser explicitadas e estimuladas, sendo os motores da transformação. O exercício da dialética impregnava sua alma. "A realidade não pode ser tratada como se fosse morna, como se o sofrimento e a morte fossem coisas naturais sobre as quais pode-se ficar evitando os confrontos, buscando consensos..."

Comunista de todas as horas, praticava o conflito, revoltava-se com o que chamava de americanização do processo político, quando as mais diversas correntes políticas brasileiras passaram a guiar-se por "pesquisas qualitativas", dizendo ao povo, nas campanhas de TV, o que este queria ouvir, abrindo mão de disputar ideias, de transformar a cultura e contrapor-se às convicções hegemônicas.

Assim, colecionou críticos entre aliados que não o compreenderam e admiradores entre seus adversários. Na posição de mais elevado "status" público que ocupou, fez pela população e pela cidade mais do que qualquer governante fizera em um governo, realizações que foram projetadas e reproduzidas mundo afora. Conseguiu mobilizar a máquina pública, os funcionários e a comunidade em torno de causas que revelavam seu radicalismo humanista, como o combate à fome, ao desemprego, à dependência de drogas e ao abandono, a garantia da habitação, da escola e da saúde pública com qualidade.

David pegou-nos de surpresa quando determinou que a Secretaria de Higiene e Saúde de Santos fornecesse o chamado coquetel de drogas para todos os pacientes com AIDS de Santos que tivessem indicação, contrariando a própria proposta que lhe fora apresentada de incluir um grupo menor, respeitando o limite das possibilidades financeiras. Sabia, como ninguém, que aquelas pessoas não podiam esperar. De fato, somente um ano depois, em 1997, o Governo Federal passou a arcar com os custos do tratamento, estimulado, inclusive, pela experiência santista.

Devo-lhe boa parte de meus cabelos brancos, mas também os mais preciosos ensinamentos que podia ter em minha vida profissional. Certamente também ajudei a aumentar suas rugas na testa. E assim fomos construindo uma intimidade fraterna, no calor das lutas comuns, de nossas frequentes divergências e das utopias compartilhadas.

David, claro, acreditava na finitude de sua vida, agia sempre como se não lhe restasse mais do que um dia, mas confidenciava sua esperança de que a ciência não tardaria muito a fazer o transplante de memória. Deixou-nos essa missão, essa nossa multidão de transplantados agora tem, mais do que nunca, a responsabilidade de seguir com a luta da justiça, da liberdade, da equidade, da transformação do mundo, a luta dos "de baixo", a luta do David.[3]

---

3 Disponível em <https://obore.com/memorial/maierovitch.html>.

Sepultamento em Santos

Por Breno Altman, em 13/11/2000, no Memorial David Capistrano

Centenas de pessoas acompanharam na manhã do dia 12 de novembro o cortejo fúnebre de David Capistrano. O caixão, envolvido com as bandeiras do Brasil e do Partido dos Trabalhadores, foi trasladado por um carro do Corpo de Bombeiros pelas ruas de Santos. Desde a saída do féretro, na sede da prefeitura, até o Cemitério Memorial, o ex-prefeito foi homenageado com respeito e emoção. A passagem do cortejo era aplaudida. Diante da Secretaria da Saúde, os funcionários alinharam as ambulâncias e fizeram soar as sirenes, em memória de seu antigo chefe. À frente da caminhada seguiam, além dos familiares e amigos mais próximos, o presidente nacional do PT, José Dirceu; o presidente de honra, Lula; o presidente do diretório estadual, Paulo Frateschi; o senador Eduardo Suplicy; os deputados José Genoíno, Telma de Souza, Maria Lúcia Prandi e Mariângela Duarte. O ministro da Saúde, José Serra, também acompanhou o cortejo.

As últimas saudações foram feitas na câmara nobre do cemitério. Os companheiros históricos de David Capistrano foram representados por Max Altman, que lembrou sua trajetória de médico e revolucionário. O ministro José Serra destacou sua contribuição para a organização da saúde pública e recordou sua luta incansável por justiça social. O presidente nacional do PT, José Dirceu, fez as despedidas finais. "É muito difícil ver a bandeira do partido recolhida como está hoje, porque ela está sempre ao vento, como símbolo daqueles que sonham, como você, por um Brasil mais justo", disse Dirceu, com os olhos fixos sobre o caixão. "Mas assim prestamos nossa homenagem, prometendo ir avante na luta pela qual você dedicou sua vida." Após a intervenção do dirigente petista, o corpo baixou para os procedimentos de sepultura ao som da Internacional. Os amigos e companheiros colocaram-se de pé, muitos de punhos erguidos e lágrimas nos olhos.

O ex-prefeito de Santos e dirigente do Partido dos Trabalhadores, David Capistrano da Costa Filho, faleceu às 19h30 do dia 10 de novembro. Estava internado desde o dia 2 de outubro, em São Paulo, no Hospital Sírio Libanês, onde tinha sido submetido a um transplante de fígado. Sua morte foi provocada por septicemia e falência de múltiplos órgãos, depois de trinta dias na Unidade de Terapia Intensiva. A cirurgia foi uma tentativa de superar problema crônico no fígado, com origem no tratamento quimioterápico que enfrentou há quinze anos para combater uma leucemia mielóide aguda.

Pernambucano de Recife, onde nasceu no dia 7 de julho de 1948, casado com Haidê Benetti de Paula e pai de quatro filhos, David iniciou sua participação política ainda na adolescência. Seus pais, Maria Augusta e David Capistrano, eram militantes do Partido Comunista. Depois do golpe militar de 1964, foi preso pelo exército aos quinze anos de idade. Libertado, mudou-se com a família para o Rio de Janeiro, onde cursou a Faculdade de Medicina da UFRJ. O pai, dirigente histórico do PCB, vivia na clandestinidade, perseguido pelas forças de segurança. Combatente da Guerra Civil Espanhola (1936-39) e da Resistência Francesa (1940-45), foi preso em março de 1974, na fronteira com o Uruguai, quando tentava regressar ao Brasil. Está desaparecido desde então.

David começou sua carreira profissional como pediatra, mas logo se dedicou à organização da saúde pública. Fundou diversas publicações e entidades. Um dos mais renomados médicos sanitaristas do país, foi secretário da Saúde em Bauru e Santos. Combinou essa trajetória com uma dedicação intensa à luta contra o regime militar e pela construção de uma alternativa de esquerda no país. Sua participação política obrigou-o a sair do Rio de Janeiro, depois de diversas prisões. Residia no estado de São Paulo desde 1974, onde se transformou no principal dirigente do PCB e responsável pela reorganização da sessão paulista no final dos anos setenta.

Rompeu com seu antigo partido em 1983. Desde 1985 era militante do Partido dos Trabalhadores. Nos anos seguintes foi eleito para sua direção estadual e, depois, para o diretório nacional. Mudou-se para Santos no início dos anos noventa, já como secretário de Saúde do governo petista da prefeita Telma de Souza, a quem sucedeu a partir de 1993. Concluiu seu mandato em 1996 e voltou a trabalhar como médico sanitarista. Coordenou, então, o Qualis/Programa de Saúde da Família. Nos últimos meses atuava como consultor do Ministério da Saúde e da Prefeitura de Vitória da Conquista.

David, além da esposa Haidê, da mãe Maria Augusta e dos filhos Marta, Adélia, David e Augusto, deixa também as irmãs Maria Carolina e Maria Cristina.

Seu corpo foi velado durante quarenta horas, primeiro na Assembleia Legislativa de São Paulo e, depois, na Prefeitura de Santos. No próximo dia 10 de dezembro o Partido dos Trabalhadores realizará, na sede nacional, um ato solene em sua homenagem.[4]

---

4 Disponível em <https://obore.com/memorial/david_capistrano-memorial.html>..

Compromissos com a Vila Gilda

Post do Macuco Blog, 12/06/2012, por Wagner de Alcântara Aragão

O ótimo Profissão Repórter desta semana retratou um pouco da realidade dos moradores do Dique da Vila Gilda, em Santos, apontada pelo programa como a maior favela de palafitas do Brasil. Se realmente é a maior, ou extensão ou em número de habitantes, não sei.

Mas, para uma cidade que é sede do maior porto da América Latina, será centro das operações do pré-sal, assiste ao erguimento desenfreado de imóveis residenciais e corporativos de alto luxo, vizinha a um dos polos petroquímicos mais importantes do país (o de Cubatão) e estância balneária, histórica e turística, é vergonhoso abrigar trabalhadores, jovens, crianças e idosos, em condições indignas, como as do Dique Vila Gilda.

Tudo bem que está em curso, conforme ressalvou a reportagem, uma série de investimentos em moradia e saneamento que prometem transformar a favela num bairro da verdade.

No entanto, o problema já era para estar resolvido faz tempo, se o combate à exclusão social fosse prioridade da nossa sociedade – sobretudo daqueles que têm a responsabilidade de governá-la.

Lembremos, santistas, que nos anos 90 o então prefeito David Capistrano Filho iniciou o processo de remanejamento dos moradores das palafitas para casas populares. Começou a investir na urbanização do local, em infraestrutura.

E isso sem os recursos que o governo federal coloca à disposição hoje; apenas com o orçamento municipal que, proporcionalmente, era bem menor que o atual.

Mas por três gestões seguintes – duas do Beto Mansur e outra do Papa – a semente que Capistrano lançou não foi regada. Só nesta última etapa de seu duplo mandato, Papa resgatou o projeto original, com o "Santos Novos Tempos" – mencionado, indiretamente, pelo Profissão Repórter.

Apesar da lentidão, o programa parece que segue. A continuidade dele, e de forma acelerada, deve ser compromisso público; compromisso esse expresso clara e objetivamente pelos postulantes ao Palácio José Bonifácio nas eleições de outubro.

Cobremos isso deles.

O progresso de uma cidade não se mede pela altura de seus arranha-céus, nem pela quantidade de grifes que nela se instalam.[5]

---

5 Disponível em <https://macucoblog.blogspot.com/2012/06/compromissos-com-vila-gilda.html>.

Sem Maria Lúcia Prandi, Brasil perde uma das lutadoras da educação pública

Post do Macuco Blog, de 07/10/2015, por Wagner de Alcântara Aragão

Morreu na manhã desta quarta-feira, dia 7, a ex-deputada federal Maria Lúcia Prandi, que atualmente dirigia o diretório do Partido dos Trabalhadores (PT) em Santos. Nestes tempos em que um antipetismo, convenientemente alimentado pela grande mídia, tem gerado atitudes fascistas, é bom aproveitar o momento para resgatar um pouco da história.

A informação é o melhor antídoto contra a ignorância e o ódio. E a ignorância e o ódio levam à barbárie. Não se trata, antecipemos aos mais afoitos contaminados pelo antipetismo, de advogar em defesa do partido. Trata-se de relembrar fatos, para que se compreenda que debater política e cidadania não se resume a discussões típicas de torcedores de futebol insanos.

Vamos lá.

Maria Lúcia Prandi foi secretária de Educação de Santos entre 1989 e 1992, durante a gestão da prefeita Telma de Souza, também do PT. À frente da pasta implantou medidas, principalmente atividades no contraturno, que buscavam oferecer aos alunos da rede municipal educação em tempo integral.

O Projeto Carlitos, que levou teatro às escolas, foi o carro-chefe dessa política.

O êxito de Maria Lúcia Prandi foi reconhecido pela população. Nas eleições municipais de 1992, foi a vereadora mais votada da cidade. O respaldo popular lhe deu forças para que fosse, quando iniciou o mandato em 1993, eleita presidenta da Câmara Municipal. Pela primeira e única vez na história – e isso há mais de 20 anos – o Legislativo santista foi presidido por uma mulher, até 1994. Naquele ano, foi eleita deputada estadual, função que exerceu até 2010.

Na Assembleia Legislativa de São Paulo, Maria Lúcia Prandi passou a ter mais forças para lutar por uma causa antiga, a qual se dedicava: a instalação de uma universidade pública em Santos e região metropolitana da Baixada Santista. Santos e região, onde está o maior porto da América Latina, um dos principais polos industriais do país (o de Cubatão), uma das mais relevantes áreas de proteção ambiental do Brasil (a da Serra do Mar), destino turístico dos mais procurados, era órfã de universidade pública que oferecesse ensino superior gratuito e realizasse pesquisas imprescindíveis para o desenvolvimento. A cidade contava com dezenas de cursos superiores, de faculdades e universidades privadas, e um precário campus da Faculdade de Tecnologia (Fatec), do Estado.

Décadas de luta, no fim, não foram em vão: em 2004, no governo Lula, foi implantado em Santos um campus da Universidade Federal de São Paulo (Unifesp). De lá para cá, a instituição tem se expandido, ampliado a quantidade de cursos e projetos oferecidos.

Em 2009, Maria Lúcia Prandi concedeu entrevista ao Macuco Blog, quando liderou a defesa pela aprovação de um projeto de lei que transferiria do Estado para a União o prédio da antiga Hospedaria dos Imigrantes. A transferência iria permitir que ali fosse implantado um amplo campus da Unifesp em Santos.

A Unifesp acabou não indo para a Hospedaria, mas um novo campus foi construído ali perto. Há quase cinco anos, o Governo do Estado promete para aquele prédio um amplo campus da Fatec.

Maria Lúcia Prandi concorreu, em 2010, a uma vaga na Câmara dos Deputados. Ficou com a suplência, porém logo depois exerceu mandato, já que deputados eleitos pela coligação acabaram assumindo ministérios no governo Dilma. No breve período em Brasília, não deixou de estar atenta às questões que dizem respeito à educação.

Maria Lúcia Prandi era paulista de Potirendaba. Desembarcou em Santos ainda criança. Lá cresceu, se formou, trabalhou como educadora e, depois, como ocupante de cargo público. Morreu aos 70 anos, vítima de câncer no pulmão.

A cidade perde uma liderança e o país, uma batalhadora do interesse público. Da educação, principalmente.[6]

---

6 Disponível em <https://macucoblog.blogspot.com/2015/10/sem-maria-lucia-prandi-brasil-perde-uma.html#more>.

Dilma anuncia obras em Santos e corrige erros de governos de 15 anos atrás

Post do Macuco Blog, 26/06/2014, por Wagner de Alcântara Aragão

A presidente Dilma Rousseff esteve em Santos nesta quinta-feira, dia 26, anunciando liberação de recursos federais da ordem de R$ 481,4 milhões para obras de mobilidade urbana na cidade e demais municípios da Baixada Santista. Os investimentos fazem parte do chamado "PAC Mobilidade", vertente do Programa de Aceleração do Crescimento voltada a intervenções nas áreas de transporte e trânsito.

Os recursos serão destinados a projetos que deveriam ter sido, no mínimo, pensados 15 anos atrás. Isso mesmo. Pelo menos desde o final de 1998, quando começaram as obras de construção da segunda pista da Rodovia dos Imigrantes, principalmente os governos estadual (Mário Covas/Geraldo Alckmin) e federal (Fernando Henrique Cardoso) à época deveriam ter se preocupado, planejado e investido em obras que garantissem, quando da entrega da nova pista, a mobilidade urbana na Baixada Santista.

Afinal, nem precisava ser entendido em engenharia de tráfego para antever que todo o aumento de fluxo de veículos estimulado pela nova rodovia desembocaria numa região metropolitana carente de vias urbanas de maior capacidade e, principalmente, carente de transporte coletivo de massa. Apesar dessa evidência, nada foi feito. Governo estadual e governo federal se omitiram; as prefeituras, se acomodaram.

Nenhum quilômetro sequer de corredor de ônibus metropolitano foi projetado, muito menos implementado. Não foram experimentadas opções de transporte aquaviário.

O pouco que havia foi destruído: o Trem Intrametropolitano, o chamado "Tim" – mantido pelo Governo do Estado e que ligava a área continental de São Vicente à Estação Sorocabana, em Santos – em vez de ser modernizado foi extinto, com a promessa de ser substituído pelo sistema de Veículos Leves sobre Trilhos (VLT) – o que só agora começa a virar realidade (incluído no PAC).

A segunda pista da Imigrantes foi entregue no final de 2002. A nova via de acesso e o cenário econômico favorável na última década fizeram aumentar as viagens a negócios e lazer ao litoral; o fluxo de caminhões para o Porto de Santos se elevou extraordinariamente.

Na Baixada Santista, porém, continuamos a ser transportados por um sistema de ônibus ineficiente, atrasado, preso em engarrafamentos em vias acanhadas, esburacadas.

O PAC Mobilidade na Baixada Santista vem, portanto, corrigir erros de mais de uma década. Segundo informações da Secretaria de Comunicação Social da Presidência da República, os R$ 481,1 milhões anunciados serão assim distribuídos:

> Corredor metropolitano Santos-São Vicente: R$ 456 milhões. Do total, R$ 228 milhões são do Orçamento Geral da União e R$ 228 milhões de financiamento público com juros subsidiados. A obra do corredor prevê a implantação de 16,64 quilômetros de corredores exclusivos de ônibus que interligarão a Zona Leste à Zona Noroeste de Santos e as ligarão ao município de São Vicente. Serão construídos dois túneis no maciço central da Ilha, de 1,35 quilômetro cada, e uma passagem inferior no entroncamento da avenida Nossa Senhora de Fátima com a Avenida Divisória, divisa entre os municípios. Além disso, a obra conta com a reconstrução/alargamento de pontilhões sobre os canais de drenagem. O empreendimento também prevê baias para a parada dos ônibus de pavimento rígido e, em alguns trechos, haverá a alteração dos sentidos das vias e implantação de corredores binários.
>
> A cidade de Praia Grande receberá R$ 11,7 milhões do Orçamento Geral da União para obras de implantação do corredor Via do Cidadão que formará um anel com a marginal da rodovia Manoel da Nóbrega. Será realizada a construção de cinco quilômetros de corredor exclusivo de ônibus e a requalificação do pavimento, sinalização, sistemas e baias para a parada dos ônibus.
>
> O município de Bertioga contará com R$ 1,2 milhão para implantação de terminais de integração no Centro (R$ 330 mil), na Riviera (R$ 460 mil) e em Boraceia (R$ 410 mil).
>
> A prefeitura de São Vicente receberá R$ 1 milhão do Orçamento Geral da União para elaboração do projeto de corredor metropolitano de São Vicente. A expectativa é que sejam implantados 16,21 quilômetros de corredores exclusivos de ônibus para integrar o túnel de Santos com São Vicente. A intervenção prevê requalificação do pavimento, sinalização, sistemas e baias para parada dos ônibus em pavimento rígido.
>
> O município de Cubatão terá R$ 1 milhão do Orçamento da União

> para elaboração de estudo de viabilidade técnica e econômica da ligação Cubatão/Santos. O objetivo é definir uma solução de transporte coletivo que ligará Santos a Cubatão.
>
> Da mesma forma, para o município do Guarujá foi destinado R$ 1 milhão para elaboração de estudo de viabilidade técnica e econômica do corredor Avenida Santos Dumont/Avenida D. Pedro I. O estudo prevê intervenções na Avenida Santos Dumont, Avenida Ademar de Barros, trecho da Avenida Puglisi, Avenida Emílio Carlos, Avenida D. Pedro I e Avenida do Bosque.
>
> Para o Governo do Estado de São Paulo estão disponíveis R$ 9 milhões para elaboração de projetos do BRT Metropolitano – Praia Grande/São Vicente e terminais. O Governo Federal apoiará o projeto que prevê a construção de 24 quilômetros de BRT (18 km Praia Grande, da estação Caiçaras a São Vicente, e 6 km do trevo à estação Samaritá) e de três terminais de integração (Peruíbe, Itanhaém e Mongaguá). Também está prevista a utilização das marginais da rodovia Padre Manoel da Nóbrega.

Já ressaltamos aqui que nunca antes na história deste País houve um apoio tão forte do governo federal em obras em transporte de massa como estas do PAC da Mobilidade Urbana. Nunca a Baixada Santista foi contemplada com investimentos federais desse porte em intervenções viárias desse tipo. E isso mesmo o Estado de São Paulo e a Prefeitura de Santos sendo administradas pelo principal partido de oposição a Dilma, o PSDB. Ou seja, a presidenta mostra que não olha a legenda do prefeito e do governador quando decide investir ou não numa região.[7]

7 Disponível em <https://macucoblog.blogspot.com/2014/06/dilma-anuncia-obras-em-santos-e-corrige.html>.

O empobrecimento e a evolução das desigualdades em Santos

Por Ubiratan de Paula Santos, que foi chefe de gabinete do prefeito David Capistrano da Costa Filho, entre outras funções exercidas nos oito anos de administração democrática popular em Santos. Do blog "Linha Direta - PT Santos". Em 24/08/2017

Em 08 de maio passado matéria publicada no Diário do Litoral registra o abandono da Zona Noroeste em Santos e a situação das crianças e adolescentes. A matéria chama atenção para precariedade da infraestrutura e dos serviços públicos básicos e o abandono de crianças, que se vêm obrigadas a pedir esmolas e são vítimas da prostituição, especialmente na Vila Telma, Pantanal, Capadócia, Alemoa. Situação análoga ocorre em regiões do centro e áreas dos morros.

As gestões comprometidas com os interesses populares entre 1989 e 1996 foram capazes de implantar políticas de saúde- criação da rede de atenção básica, serviços de urgência, ações de prevenção, cuidados materno-infantis, construção do Hospital Che Guevara, criação da maternidade Silvério Fontes, pioneiro e revolucionários programas de saúde mental, para infectados pelo HIV, de prevenção, de internação domiciliar e de assistência materno infantil; de educação, com o programa "Toda criança na escola", ou seja, vaga para todos na rede pública; programas de construção de moradias e Urbanização da favela do Dique, da Vila Santa Casa, do Ilhéu; política de prevenção de deslizamentos dos morros; melhoria nos transportes públicos; despoluição dos canais e das águas das praias.

Embora focado em políticas para os mais pobres, tratou-se a cidade como um todo, serviços de saúde e escolas foram estruturados na Zona Noroeste como no centro e na Orla; a preocupação com o desenvolvimento da vocação econômica da cidade, daí iniciativas para influir na gestão do Porto e instituir mecanismos arrecadatórios de tributos locais sobre o mesmo, de incentivo ao turismo, o cuidado com praias, roteiros de ecoturismo na área continental, preocupação com a ocupação do solo; a implantação de mecanismos mais participativos na gestão pública, com a criação de conselhos e conferências para elegê-los, defesa da democracia por ocasião da intervenção de Collor no Porto e de FHC na greve da refinaria da Petrobrás, dando um rumo de progresso democrático, inclusivo e com foco na redução das desigualdades, com maior investimentos em serviços e ações para atender o conjunto da cidade, com prioridade os mais pobres.

Decorridos 20 anos de governos de direita, apesar de Santos ter recebido vultosos recursos do PAC durante governos Lula e Dilma, que não discriminavam opositores nos investimentos como vem sendo feito pelos sucessivos governos do Estado, assistimos um retrocesso, sem precedentes, em todas as áreas, que por óbvio atinge os mais pobres, como a citada reportagem registra e também bem retratada no filme/documentário Por Trás do Cartão Postal.

Não se pode assistir a isso calado. É momento de agir com vigor contra esse estado de coisas, um basta. Temos que manifestar nossa indignação com as consequências das gestões conservadoras, divulgar e discutir o mal feito, mobilizar entidades de trabalhadores, movimentos sociais, intelectuais, universidades que se interessam pela defesa da vida, pelo direito ao trabalho digno, a serviços públicos de qualidade, à segurança da vida, à cultura, à solidariedade.

A comparação entre as administrações de 1989 a 1996, oito anos e as sucessivas iniciadas em 1997, já se vão 20 anos, autoriza afirmar que outra política e forma de governar a Cidade é possível e necessária.

É preciso a reunião de uma ampla frente dos que se interessam e se dispõe a abrir uma luta sem trégua em defesa do povo da cidade, do trabalhador, dos excluídos, das crianças e jovens desassistidos, massacrados e sem perspectivas de futuro. O momento é de construir indignação e ação coletivas, mobilizar pessoas para a luta contra os que governam a cidade de costas para o povo, que não apenas fecham os olhos para a condição dos trabalhadores, os mais pobres, como apoiam e aplicam na cidade as políticas do governo Temer, responsáveis por acabar com direitos dos trabalhadores, ampliando as desigualdades e destruindo o futuro do países de seu povo.[8]

8 Disponível em <https://linhadiretaptsantos.wordpress.com/2017/08/24/o-empobrecimento--e-a-evolucao-das-desigualdades-em-santos/>

Governo democrático e popular do Brasil deixou sua marca em Santos e região

Uma relação de investimentos das gestões de Lula e Dilma na cidade e Baixada Santista. Do tumblr "Lula e Dilma em Santos".

• Santos ganha campus da Unifesp para atender a Baixada: Por décadas a comunidade da Baixada Santista lutou por uma universidade pública na região. E foi durante o Governo Lula que a população de Santos e municípios vizinhos conquistou, enfim, o direito de contar com uma instituição de ensino superior federal. Em 2004, foi oficializada a criação em Santos do Campus Baixada Santista da Unifesp, a Universidade Federal de São Paulo. Já naquele ano foram abertas as primeiras turmas. Durante dez anos, a Unifesp na Baixada Santista foi ampliando seus serviços, implementando novos espaços e, hoje, oferece dezenas de cursos, entre graduação, pós-graduação e extensão – sem contar o trabalho de pesquisa, fundamental para o desenvolvimento de uma região.

• Criada em 2005, Universidade Aberta do Brasil atende professores de Santos e Baixada: No Governo Lula, o Ministério da Educação criou a Universidade Aberta do Brasil, para oferecer capacitação continuada a professores da rede pública de ensino, em todos os níveis. A Universidade Aberta do Brasil tem dois polos na Baixada Santista - um em Santos (onde funcionou o Colégio Santista) e outro em Peruíbe. Mas o polo da Universidade Federal do ABC (criada também no Governo Lula) igualmente já atendeu aos docentes santistas.

• Pronatec marca o resgate da educação profissional: Um dos maiores legados da administração democrática popular no governo federal, entre os anos de 2003 e 2015, foi o de resgatar os cursos técnicos, por meio dos institutos federais ou financiando e apoiando as secretarias municipais e estaduais. Se nos anos 90 os cursos técnicos nas escolas públicas praticamente deixaram de existir, depois do Governo Lula a educação profissional voltou a ser ofertada. E, em 2011, já durante o Governo Dilma, foi criado o Pronatec – Programa Nacional de Acesso ao Ensino Técnico e Emprego. Desenvolvido em parceria com diversas instituições, inclusive com o Sistema S (Sesi, Senac, Senat), o Pronatec ofereceu diversos cursos em Santos e região metropolitana da Baixada Santista. Mais de

1,5 jovens e adultos em Santos e Baixada foram beneficiados só nos primeiros quatro anos do programa.

• ProUni, a chance de o pobre ter curso superior: Você já notou que Santos é uma das cidades com maior concentração de faculdades e universidades em todo o mundo, não é mesmo? Pois antes do Governo Lula chegar à faculdade era um sonho difícil de ser alcançado pelas famílias mais pobres. Isso mudou. Você já viu aqui sobre a implantação da Unifesp em Santos, atendendo a toda região metropolitana da Baixada Santista. Mas não foi só. Além de contemplar a cidade com uma universidade pública, as famílias de Santos e Baixada foram beneficiadas também com o ProUni, outro programa da administração democrática popular no plano federal. Em todo o Estado de São Paulo, mais de 572 mil estudantes de baixa renda conseguiram concluir o ensino superior graças às bolsas do ProUni. E desses, dezenas de milhares são estudante de Santos e demais cidades da Baixada Santista. Várias faculdades e universidades particulares da região se integraram ao ProUni. Você certamente conhece alguém que terminou a faculdade – pelo mérito do estudante, mas muito devido à oportunidade criada por uma política pública, como o ProUni.

• O Fies deu aos santistas a chance de fazer faculdade: O Fies, programa de financiamento estudantil, foi criado pelo Governo José Sarney. No início, alcançou bons resultados, mas com o passar dos anos deixou de receber atenção e por um bom tempo atendeu uma parcela mínima da população. Pois a administração democrática popular no governo federal promoveu ampla reformulação do Fies. A figura do fiador, que restringia demais a possibilidade de o estudante ter financiamento, foi dispensada. Os recursos destinados ao programa foram ampliados. As contrapartidas, aprimoradas. Enfim, conseguir crédito pelo Fies para pagar a mensalidade ficou mais fácil e mais próximo das famílias de baixa renda. Resultado: só no Estado de São Paulo, mais de 600 mil estudantes foram beneficiados – milhares deles em Santos e Baixada Santista.

• As obras da entrada de Santos são legado do Governo Dilma: A remodelação do sistema viário, a implantação de faixa de ônibus e instalação de novas redes de drenagens na Zona Noroeste fazem parte do pacote de obras da Entrada de Santos, que estão em andamento. Você sabia que essas obras só puderam sair do papel porque contaram com todo o apoio do governo federal, na gestão Dilma

Rousseff? Sim, o projeto de remodelação da Entrada de Santos feito pela Prefeitura foi contemplado pelo Programa de Aceleração do Crescimento, o PAC, criado no Governo Lula e continuado por Dilma. Esse programa garantiu os recursos para que a Prefeitura pudesse desenvolver o projeto e, agora, executar as obras, como está acontecendo. Relembre que o prefeito Paulo Alexandre Barbosa, mesmo sendo do PSDB, partido de oposição ao Governo Dilma, recebeu pessoalmente da então presidenta o comunicado da destinação dos recursos federais.

• Verbas federais garantem novas calçadas no Jaú: A Prefeitura de Santos está reformulando as calçadas do Conjunto Martins Fontes, o famoso "Jaú", na Aparecida. As obras estão sendo feitas com recursos federais liberados - R$ 1,1 milhão - pela administração democrática popular de Dilma Rousseff. Ruas do conjunto começam a contar com calçadas niveladas, em piso antiderrapante, e margeadas por grama - o que torna a paisagem mais bonita e melhora a permeabilização do solo, evitando acúmulo de água. Instrumentos de acessibilidade, como rampas nas esquinas, também estão sendo garantidas.

• Criado por Lula, Samu tem nova base na Zona Noroeste: A Zona Noroeste de Santos passa a contar a partir desta quarta-feira, dia 8, com uma nova base do Serviço de Atendimento Móvel de Urgência, o popular Samu. O Samu, que revolucionou a assistência médica emergencial pública em todo o país, foi criado em 2003, pelo Governo Lula, e ampliado nos últimos quatro anos, pelo Governo Dilma. A nova base santista fica no Rádio Clube. Além dessa, há na cidade outras cinco: Campo Grande, Prontos-Socorros Central e Zona Leste, Castelinho e Caruara (Área Continental).

• As UPAs, do governo federal, chegam a Santos: Em 2003, o governo do presidente Lula criou o modelo das Unidades de Pronto-Atendimento, popularmente chamadas de UPAs. Até o ano que vem deverão estar em funcionamento no Brasil mais de 1,1 mil unidades. Três delas estarão em Santos: a UPA Central (na Rua Joaquim Távora x Rua São Paulo) e a da Zona Noroeste (no Bom Retiro), em construção; além da UPA da Zona Leste (no Estuário). As UPAs são implementadas em parceria com as prefeituras e os governos estaduais.

• Teleférico dos Morros está no PAC Mobilidade: O governo da presidenta Dilma Rousseff incluiu no PAC Mobilidade Médias Cidades o projeto da Prefeitura de Santos de implantação de um sistema de teleféricos nos Morros. Com isso, as obras serão financiadas com recursos federais.

• Museu Pelé tem investimento federal: Pelo menos R$ 10 milhões aplicados na implantação do Museu Pelé foram investimentos do governo federal, entre recursos do Ministério do Turismo e financiamento do BNDES. O Museu Pelé, no Casarão do Valongo, coloca Santos entre os principais destinos internacionais.

• Área para o parque no emissário submarino: Uma reivindicação antiga dos santistas, a urbanização definitiva da plataforma no emissário submarino, foi possível de ser atendida porque o governo federal, por meio da Secretaria de Patrimônio da União (SPU), cedeu a área ao Município. A cessão foi formalizada em agosto de 2007 e a Prefeitura pode, então, implantar ali um parque público - hoje um dos principais pontos de lazer da cidade. O parque do emissário foi inaugurado em janeiro de 2009.

• Terrenos para a construção de moradias: Por meio da Secretaria de Patrimônio da União (SPU), o governo federal cedeu à Prefeitura de Santos terrenos para a construção de moradias populares, por meio do Minha Casa, Minha Vida. Os terrenos ficam na Vila Mathias e deverão comportar 480 unidades habitacionais. No ano passado, a SPU repassou ainda, à Codesp, área para a implantação de estacionamento de caminhões no Porto de Santos, para diminuição dos congestionamentos nos acessos aos terminais.

• Obras no Porto de Santos:: Com Lula e depois com Dilma na Presidência da República, o Porto de Santos voltou a receber investimentos públicos. A construção das avenidas perimetrais, o alinhamento do Cais de Outerinhos, a dragagem do canal de acesso aos terminais e, agora, o aumento da profundidade dos berços de atracação estão entre as ações dos governos Lula/Dilma no maior porto da América Latina, até então largado pela União à própria sorte.[9]

9 Disponível em <https://lulaedilmaemsantos.tumblr.com>.

Referências

Fontes de pesquisa

Além de entrevistados; de conversas cotidianas com quem viveu aquele período; da memória do próprio autor; e, principalmente, de muita pesquisa (foram consultadas todas as edições do D. O. entre 1989 e 1996. e edições de A Tribuna, Jornal da Orla e 1ª Página), há as seguintes referências pontuais:

Sobre a greve da CSN

MEMORIAL DA DEMOCRACIA. Exército volta a reprimir greve na CSN. Disponível em <http://memorialdademocracia.com.br/card/exercito-volta-a-reprimir-greve-na-csn>. Acesso em 18/11/2018

Sobre as eleições de 1988

MEMORIAL DA DEMOCRACIA. A esquerda avança na eleição municipal. Disponível em <http://memorialdademocracia.com.br/card/a-esquerda-avanca-na-eleicao-municipal>. Acesso em 18/11/2018

Sobre a inflação em janeiro de 1989

WORLD INFLATION DATA. Inflação no Brasil em 1989. Disponível em <https://pt.inflation.eu/taxas-de-inflacao/brasil/inflacao-historica/ipc-inflacao-brasil-1989.aspx>. Acesso em 19/08/2019.

Sobre a intervenção na Casa de Saúde Anchieta

MATOS, Paulo. Na Santos de Telma, a vitória dos mentaleiros – Anchieta, 15 anos – 1989 – 2004 / a história da quarta revolução mundial da psiquiatria / exemplo santista nacional e mundial de políticas de Saúde Mental / um documento da luta antimanicomial. Santos, e.a., 2004

Sobre D.O. Urgente

CUNHA, Vitor Paolozzi Sérvulo da. As relações conflituosas entre jornalismo e democracia no Brasil: o caso D.O. Urgente versus A Tribuna. Dissertação de Mestrado. Escola de Comunicação e Artes/Universidade de São Paulo (ECA--USP): São Paulo, 1996.

Sobre 28 de fevereiro de 1991

Documentário "Santos, 28 de fevereiro - a vitória da resistência". Direção de Fernando Alberto; Roteiro e Pesquisa, Eduardo Caetano e Flávio Leal. Disponível em <https://youtu.be/Fi5dbPHxdIg>. Acesso em 01/05/2019

Sobre Hospital Dr. Che Guevara em Maricá (RJ)

PREFEITURA DE MARICÁ. Tag Hospital Che Guevara. Disponível em <https://www.marica.rj.gov.br/?s=hospital+che+guevara>. Acesso em 20/08/2019.

Sobre o Saúde da Família em Niterói e em Londrina

TEIXEIRA, Suely C. S.; MONTEIRO, Valéria de O.; MIRANDA, Verônica A. Programa médico de família no município de Niterói. Disponível em <http://www.scielo.br/scielo.php?script=sci_arttext&pid=S0103-40141999000100015>. Acesso em 20/08/2019

FUNDAÇÃO PERSEU ABRAMO. Programa médico da família em Londrina. Disponível em <https://fpabramo.org.br/2006/05/19/programa-medico-de-familia--de-londrina/>. Acesso em 20/08/2019

Sobre o Programa de Internação Domiciliar

PREFEITURA DE SANTOS. Internação domiciliar. Disponível em <https://www.santos.sp.gov.br/?q=searchapi/node/interna%C3%A7%C3%A3o%20domiciliar>. Acesso em 20/08/2019

PREFEITURA DE SANTOS. Técnicos de Mauá conhecem programa de internação domiciliar. Disponível em <https://www.santos.sp.gov.br/?q=noticia/tecnicos-de--maua-conhecem-programa-de-internacao-domiciliar>. Acesso em 20/08/2019

Sobre Locação Social

PREFEITURA DE SÃO PAULO. Locação social. Disponível em <https://www.prefeitura.sp.gov.br/cidade/secretarias/habitacao/programas/index.php?p=243291>. Acesso em 20/08/2019

Sobre Bolsa Atleta

MINISTÉRIO DA CIDADANIA. Bolsa Atleta, maior programa de incentivo direto ao atleta no mundo. Disponível em <http://www2.esporte.gov.br/snear/bolsaAtleta/sobre.jsp>. Acesso em 20/08/2019

Alameda nas redes sociais:
Site: www.alamedaeditorial.com.br
Facebook.com/alamedaeditorial/
Twitter.com/editoraalameda
Instagram.com/editora_alameda/

Esta obra foi impressa em São Paulo no verão de 2021. No texto foi utilizada a fonte Aparajita em corpo 10,5 e entrelinha de 15 pontos.